landbouw en irrigatie

serie "Supplementen Ex Oriente Lux"

deel 2

onder redactie van:
d. van der plas
b. becking
d. meijer

eerder verschenen:
deel 1. De schepping van de Wereld. Mythische voorstellingen in het Oude Nabije Oosten
(Coutinho 1990, ISBN 90-6283-791-3)

LANDBOUW EN IRRIGATIE

in het oude nabije oosten

met bijdragen van:
e. endesfelder
c.h.j. de geus
d.c. hopkins
t.g.h. james
k.r. veenhof

Ex Oriente Lux, Leiden
Peeters, Leuven
1993

CIP-Gegevens Koninklijke Bibliotheek, Den Haag

Landbouw

Landbouw en irrigatie in het oude Nabije oosten / met
bijdragen van: T.G.H. James ... [et al.; vert. uit het
Engels J. van Meggelen ... et al.]. - Leiden: Ex Oriente
Lux; Leuven: Peeters. – Ill. - (Supplementen Ex oriente
Lux; dl. 2)
Met lit. opg.
Ex Oriente Lux: ISBN 90-72690-09-5
Peeters: ISBN 90-6831-557-9
       D. 1994/0602/2
NUGI 644/681
Trefw.: irrigatie; Nabije Oosten; geschiedenis

Uitgevers: Peeters, Bondgenotenlaan 153, B-3000 Leuven.
Ex Oriente Lux, POB 9515, 2300 RA Leiden.

Bij het omslag: Irrigatie met behulp van de 'sjadoef'
in Egypte. Afbeelding uit een Thebaans graf.
Uit: N. de G. Davies, Two Ramesside Tombs at Thebes,
New York 1927 (T 28).

INHOUD

VOORWOORD

Deze bundel vertaalde artikelen verschijnt als het tweede deel in de serie **Supplementen Ex Oriente Lux**. De uitgave van deze serie wordt mogelijk gemaakt door een legaat van Dr. J.A. Goderie. Aansluitend bij het werkterrein van de vereniging **Ex Oriente Lux**, selecteerde de redactie ditmaal enige inleidende artikelen rond het thema "Landbouw en irrigatie in het Oude Nabije Oosten".

De redactie van de twee artikelen over het leven op het platteland en de irrigatie in Egypte berustte bij Prof. dr D. van der Plas, die tevens als eindredacteur van de bundel optrad. Dr. D.J.W. Meijer was verantwoordelijk voor de bijdrage over het land en het water in Mesopotamië. De twee artikelen die het thema behandelen in Palestina werden geredigeerd door Prof. dr B.E.J.H. Becking. Tenzij anders vermeld, valt de bewerking van de noten onder verantwoordelijkheid van de respectievelijke redacteuren.

Het verheugt de redactie dat in deze bundel twee bijdragen van Nederlandse deskundigen konden worden opgenomen, die speciaal voor deze gelegenheid opnieuw werden bewerkt. Hiermee wordt goed aangesloten bij het doel van de serie, nl. goede inleidende artikelen over belangrijke onderwerpen toegankelijk maken voor een breder geïnteresseerd publiek, met name voor de eigen leden van de vereniging **Ex Oriente Lux**.

De redactie is de verschillende auteurs erkentelijk voor de toestemming hun artikel te mogen vertalen, bewerken en opnemen. Zij dankt drs. J. van Meggelen, de Heer F. van den Bosch en Mej. C. Kruyshaar voor hun vertaalwerk. De Heer H.S. van den Berg bewerkte de lijntekeningen en grafieken per computer en assisteerde bij de vervaardiging van de "camera ready" kopij van het onderhavige boek, waarvoor de redactie hem dank zegt. Zij spreekt de hoop uit, dat ook dit deel zijn weg vindt naar een breed lezerspubliek.

De redactie

HET LEVEN OP HET PLATTELAND IN HET OUDE EGYPTE[1]

T.G.H. James

Zelfs iemand die geheel aan de stad is gebonden, heeft wel enig gevoel voor, zo niet verstand van, het plattelandsleven. Dit kan tot uiting komen in het onbestemde verlangen de beklemming van de stad te ontvluchten, en in de wens om, in de meest vage en sentimentele zin, in nauw contact te staan met de natuur. Het kan worden waargenomen in een neiging het zonder de vermeende kunstmatigheden van het stadsleven te stellen. Sommigen gevoelen een onbestemde drang om weer te keren naar de aarde, dingen te verbouwen en het beroep van boer uit te oefenen. Meestal is deze aandrang om weer te keren naar de aarde een hersenschim. De aantrekking tot het plattelandsleven, die niet alleen de wijdsheid en de schoonheid van de natuurlijke omgeving maar ook het daadwerkelijke bedrijf van de landbouw betreft, heeft toch iets wezenlijks. De fascinatie met landbouw en veeteelt is diep in de menselijke geest geworteld. De manier waarop deze fascinatie zich openbaart behoeft echter niet altijd met enthousiasme begroet te worden.

Een ambivalente houding tegenover het leven op het land was in de Oudheid even gewoon als nu. De landbouw vereist namelijk ontegenzeglijk zware lichamelijke arbeid. Dit was zelfs ook in het Oude Egypte zo, waar het boerenbedrijf in veel opzichten eenvoudiger was dan elders, zowel in de antieke als in de moderne wereld vóór de invoering van arbeidsbesparende machines. Een voorspoedige agrarische economie betekende simpelweg een voorspoedige economie. In de Oudheid waren de eenvoudigheid en het succes van de landbouw in Egypte veelal het voorwerp van afgunst van andere volkeren en de belangrijkste reden voor invasie en infiltratie. In perioden van hongersnood of zelfs wanneer de schaarste tot een seizoen beperkt bleef, trokken groepjes vreemden naar Egypte, op zoek naar weidegrond om hun kudden te voeden. Een efficiente bureaucratie droeg er ook aan bij om de effecten van toevallige droogten en van lage of extra hoge Nijloverstromingen te minimaliseren. In moeilijke omstandigheden zond Jakob zijn zonen naar Egypte: 'Ik heb gehoord, dat er koren in Egypte is, trekt daarheen, en koopt ons koren van daar, opdat wij leven en niet sterven' (*Gen.* 42:2). Dezelfde reden, in een vroegere tijd, had ook Abraham gedrongen dezelfde reis te maken: 'En er was honger in dat land: zo toog Abram naar Egypte, om daar als een vreemdeling te verkeren, omdat de honger zwaar was in dat land' (*Gen.* 12:10).

---

1. Vertaling van: T.G.H. James, *Pharaoh's People, Scenes from Life in Imperial Egypt*, [Hoofdstuk 4, *The Bucolic Mode*], Oxford-Melbourne, 1985, blz. 100-131. De vertaling is van de hand van drs. J. van Meggelen.

De reacties van de Egyptenaren op dit soort ongevraagde gasten schijnen vriendelijk en menslievend geweest te zijn, zeker op locaal niveau, waar
de algemene regels moesten worden geïnterpreteerd en toegepast.
Hoewel direct bewijs schaars is, is het goed mogelijk dat de aanwezigheid van
grote groepen Aziaten in Egypte te wijten is aan de geleidelijke infiltratie
gedurende vele jaren van vreemden die, toen de noodtoestand door de honger in het buitenland voorbij was, verkozen te blijven. De heerschappij van
de Hyksos over Egypte gedurende de Tweede Tussentijd (*ca.* 1785-1551
v. Chr.) is waarschijnlijk langs deze weg tot stand gekomen. Toch hielden
de migrantenbewegingen in latere tijden aan alsof men geen les uit de
geschiedenis had geleerd. Een ambtenaar aan de grens die aan zijn superieur
schreef, in de regeringsperiode van Merneptah uit de 19ᵉ dynastie (*ca.* 1224-
1214 v. Chr.), neemt in zijn rapport op: [2]

> 'Nog een bericht voor mijn heer: We zijn klaar met het doorlaten van
> de Bedoeïnenstammen uit Edom langs het Fort Merneptah-Hetepher-
> maat - hij leve, zij voorspoedig en gezond - dat in Tjeku is, naar de
> plassen van Pithom van Merneptah-Hetephermaat dat in Tjeku is, ten-
> einde hen en hun kudden in leven te laten blijven door de grote gunst
> van Farao - hij leve, zij voorspoedig en gezond'.

De regelmaat van de vooruitzichten voor de landbouw bepaalde omgetwij-
feld voor het belangrijkste deel de opvattingen van de Egyptenaren ten aanzien leven en dood. Nergens was de jaarlijkse cyclus van de seizoenen zo
duidelijk gemarkeerd als in Egypte, waar de Nijloverstroming zich met een
voorspelbare regelmaat aandiende; hij bepaalde door zijn waterstand het
slagen van de oogst en bevestigde tevens de gunstige gezindheid van de
goden voor het land. De Nijl nam onder de rivieren een bijzondere plaats in,
en bij gevolg nam ook Egypte een bijzondere plaats in. Het was niet als
andere landen. In het besef van dat bijzondere karakter kenden de Egyptenaren dat ook toe aan zichzelf, de inwoners van het land. Verder uitgebreid,
stond het ideale karakter van het leven in Egypte - als een voorbeeld van
plattelandsgeluk - model voor het leven na de dood zoals een goed voorbe-
reide Egyptenaar dat kon bereiken. Wanneer hij het oordeel in de zalen van
Osiris, de goddelijke koning van het hiernamaals, had overleefd, verwachtte
de Egyptenaar zijn tijd door te brengen in het Rietveld, een soort Paradijs,
dat voorgesteld werd als een bovenwereldlijk Egypte, bevochtigd door een

---

2. Waarschijnlijk geen waar rapport, maar het weerspiegelt de omstandigheden uit
die tijd. Het komt voor in de *British Museum* Papyrus 10245 (Anastasi Papyrus VI); zie
A.H. Gardiner, *Late-Egyptian Miscellanies*, Brussel 1937, 76, 12 vv. Tjeku was de
achtste Beneden-Egyptische provincie, het gebied van Wadi Tumilat.

bovenwereldlijke Nijl. Hij hield zich daar bezig met agrarische werkzaamheden als ploegen en oogsten alsof hij een boer was op het land. In de versie van het *Dodenboek* die voor de ambtenaar Ani werd geschreven, is het gekleurde vignet, dat Ani in die bezigheid laat zien, vergezeld van een tekst (een gedeelte van spreuk 110), waar staat:

'Het begin van de spreuken van het Offerveld, de spreuken van het uitgaan bij dag, van het ingaan in en uitgaan uit de Necropolis, van het verzorgd worden in het Rietveld, dat in het Offerveld is, de stad van de Grote, de Meesteres van de Winden, om aldaar sterk te zijn en een geest te zijn die aldaar ploegt, aldaar oogst, aldaar eet en aldaar drinkt, om in feite alles te doen wat op aarde gedaan wordt'.

De centrale plaats die de landbouw in het Egyptische leven innam, uitgedrukt door deze uitspraak over wat men voor een volmaakt leven na de dood betamelijk achtte, is begrijpelijk en toch verrassend. Hoe fundamenteel de landbouw ook was voor de instandhouding van het leven in Egypte, men moet aannemen dat de meesten van hen die een eeuwig leven in het Rietveld hoopten te genieten, in hun aardse leven nog nooit een ploeg hadden vastgehouden. Toch waren de werkzaamheden voor de landbouw, samen met irrigatie en andere activiteiten op het land zo belangrijk, dat ze uitdrukkelijk genoemd worden bij het oordeel, wanneer de dode Egyptenaar zich voor Osiris en zijn college van tweeënveertig rechters vertoont. Naast de ontkenningen van morele laksheid en tekortkoming in de godsdienstige voorschriften, verklaart de gestorven gedaagde:

'Ik heb de landmaat niet ingekort, ik heb geen inbreuk op het land gemaakt [nl. op dat van anderen] ... ik heb geen kudden uit hun weiden gehaald ... ik heb het water op zijn tijd niet de verkeerde kant op gestuurd, ik heb stromend water niet afgedamd'[3].

Het handhaven van deze regels voor de landbouw in het dagelijks leven kan voor de welgestelde Egyptische beambte nauwelijks problemen hebben opgeleverd. Nader beschouwd waren die regels, zoals we later nog zullen zien, van wezenlijk belang voor een goede huishouding van het land. Het was dit fundamentele gegeven van een goede landbouwpolitiek, dat de aanzet was zowel voor het opnemen van de beginselen van goede landbouw in een fatsoenlijke levenswijze op aarde, als voor de verwachting van een door ploegen en oogsten bepaalde manier van leven na de dood. Het is niet de weerspiegeling van een sentimentele en romanti-

---

3. Uit spreuk 125 van het *Dodenboek*, zie bijvoorbeeld E.A.W. Budge, *The Book of the Dead*, Londen 1898, 170 v.

sche houding tegenover het boerenbedrijf van de kant van de welgestelde Oude Egyptenaren.

Het genot dat de welgestelde Egyptenaren in de bekoring der natuur zochten was namelijk grotendeels beperkt tot het genoegen dat te vinden was in een goed aangelegde tuin, een vijver, een haven en de discrete beleefdheid van bedienden. Boer te zijn was totaal niet iets begerenswaardigs. Afgezien van de ellende die een catastrofaal seizoen met zich meebracht - iets wat voor de bureaucraat en de edelman karakteristiek geweest schijnt te zijn van het leven op het land - was er veel te veel zwaar werk aan verbonden. 'Wordt ambtenaar', zegt één van de veel gecopieerde passages die mogelijk als instructiemateriaal op de schrijfscholen van het Nieuwe Rijk (*ca.* 1552-1070 v. Chr.) gebruikt werden, en vervolgt aldus:[4]

'Het bewaart je voor zwaar werk en vrijwaart je van iedere vorm van arbeid. Het behoedt je voor het dragen van schoffel en houweel (?), dat je geen mand behoeft te dragen'.

Het ellendige leven van een boer wordt gedetailleerder beschreven in een andere soortgelijke passage:[5]

'Laat mij de positie van een boer voor jou beschrijven - nog zo'n zwaar beroep. Wanneer er voldoende water is, irrigeert hij [het land?], en maakt zijn benodigdheden gereed. Hij brengt de dag door met het snijden van gereedschap voor het verbouwen van gerst, en de avond met het vlechten van touw. Zelfs zijn middaguur [zijn etenstijd?] besteedt hij gewoonlijk met het boerenwerk. Hij begint zich uit te rusten om het land in te trekken alsof hij een militair was. Het land is uitgedroogd en ligt voor hem open; hij trekt erop uit om zijn span terug te krijgen. Vele dagen later, wanneer hij de veehoeder opgespoord heeft, vindt hij zijn span terug. Hij komt terug en voert het mee, en maakt er een pad voor op het land. Bij zonsopgang gaat hij erop uit om vroeg met het werk te beginnen, maar vindt het [het span] niet op zijn plaats. Hij besteedt drie dagen met zoeken en vindt het (vast) in de modder. Maar hij vindt op hen geen huid meer [nl. op de beesten van het span], omdat de jakhalzen ze te pakken gehad hebben'.

Na nog een opsomming van natuurrampen, voegt de schrijver van deze moedgevende verhandeling er aan toe:

4. Uit de British Museum papyrus 10243 (Anastasi Papyrus II), zie A.H. Gardiner, *Late Egyptian Miscellanies*, Brussel 1937, 16, 9 v.

5. Uit de *British Museum* papyrus 9994 (Lansing papyrus); zie A.H. Gardiner, *Late Egyptian Miscellanies*, Brussel 1937, 104, 10 vv.

'De ambtenaar meert aan bij de rivieroever. Hij taxeert de belasting van de oogst, vergezeld van slaven met slaghouten en Nubiërs met knuppels. Ze zeggen: 'De gerstproductie!', maar het is er niet. Hij [de boer] wordt hevig geslagen. Hij wordt vastgebonden en in een plas gegooid. Hij wordt ondergedompeld en wordt doornat gemaakt, terwijl zijn vrouw in zijn bijzijn vastgebonden wordt en zijn kinderen in boeien zijn gesloten. Zijn buren laten hen in de steek en zijn gevlucht. Dat is het slot; er is geen gerst. Als je verstandig bent, wordt dan ambtenaar'.

Het was, naar we mogen aannemen, gepast om de leerling-ambtenaar - de bureaucraat van Egypte in de dop - op deze uitermate bevooroordeelde wijze te stimuleren. Welke jonge man in bezit van zijn volle verstand zou een comfortabele schoolbank laten varen voor een leven op het platteland? Maar voor het geval dat de leerling-ambtenaar de opleiding die hij verplicht was te nauwgezet te volgen moe werd, en met afgunst dacht aan de vrijheid van de boer, dan moest een ontmoedigende weergave van het leven op het platteland hem worden voorgehouden. Deze procedure is gebruikelijk; maar wanneer kritiek aangedikt en ongenuanceerd naar voren wordt gebracht bevordert dit de geloofwaardigheid niet. In hoeverre komt het onaangename beeld dat de leerling-ambtenaar voorgehouden wordt overeen met wat de Egyptische boer redelijkerwijs ondervonden zal hebben? Nauwelijks, moet men zeggen, voor zover het de boer als landeigenaar betreft; maar tamelijk goed, moet men ook zeggen, voor zover het de boer als landarbeider betreft. Wat geleerd kan worden - voor wat het Nieuwe Rijk aangaat - van de afbeeldingen van het plattelandsleven in de beschilderde graven van de Thebaanse necropolis, is over het algemeen een te ideaal beeld. De gedachte achter de grafdecoratie houdt in dat men dat weergaf, wat men voor de grafeigenaar het beste achtte. De schildering gaf het aardse leven weer met het oog op het leven in het hiernamaals: een ideaal en geslaagd leven in de microkosmos, waarin de afgebeelde negatieve aspecten bescheiden waren en weinig of geen gevaar opleverden voor de existentie van de grafeigenaar na de dood. Wanneer er bijvoorbeeld wetsovertredingen worden afgebeeld, zoals de gevangenneming en voorleiding van belastingontduikers in het graf van Menna, was dat gewoonlijk om de rechtvaardigheid van de grafeigenaar te laten uitkomen, of om de eigen positie als een of andere rechtsdienaar te illustreren. Het zou niet juist geweest zijn om de grafeigenaar af te beelden als overtreder - al zou het ook maar een kleinigheid betreffen - omdat het graf diende als deel van de uitrusting voor het bereiken van zijn bestemming. Om die reden moest zijn nagedachtenis smetteloos zijn.

Wat kan dan uit de grafdecoratie over de Egyptische landbouw geleerd worden? Vanaf de tijd van het Oude Rijk, toen de graven van niet-koninklijke personen voor het eerst werden voorzien met taferelen van alledaags werk, werden er doorgaans agrarische taferelen opgenomen. Reeds in de 5^e dynastie (*ca.* 2465-2325 v. Chr.) kregen ze een soort volgorde of patroon (een stereotiep bijna), die in het standaard-repertoire van de grafdecoratie gehandhaafd bleef tot in het Nieuwe Rijk en later. Het hoofdthema was het verbouwen van de voornaamste producten, graan en vlas, het eerste voor voedsel en het brouwen van bier, het andere voor de vervaardiging van linnen, het belangrijkste textielmateriaal van het Oude Egypte. Deze producten zijn het ook, die in de vignetten ter illustratie van de al eerder genoemde spreuk 110 van het *Dodenboek* afgebeeld worden: ze waren de bases van het leven voor de Egyptenaren. Terwijl echter in de vignetten van de religieuze papyri de landbouwer de overledene is waarvoor de papyrus is geschreven, meestal vergezeld van zijn eega, zijn zij die in de graftaferelen het land bewerken de - ook overleden -boeren, die op de landgoederen van de grafeigenaar werken. Wat een verwarring in de voorstellingen van het hiernamaals! Enerzijds - de voorstelling die uit de papyri blijkt - kan men verplicht worden om zelf te ploegen en te oogsten in de Elysese Velden; anderzijds - de ethiek achter de graftaferelen - kan de omgeving van het aardse leven zonodig mythisch worden ingeschakeld ten bate van de overledene. Het verschil, dat als zodanig in de Egyptische teksten niet wordt uitgesproken, is dat in het *Dodenboek* de overledene als individu optreedt, geïsoleerd en verplicht om alleen ondersteund door zijn morele prestatie en zijn vrouw in het hiernamaals zijn weg te gaan. In zijn graf daarentegen wordt hij afgebeeld in de context van het leven, omgeven door zijn collega's, familie, bedienden en alle activiteiten die zijn aardse bestaan vulling en aanzien gaven.

In het geval van de vizier Rechmire waren de importantie van zijn functie en de diversiteit van de werkzaamheden die zijn carriere kenmerkten zodanig, dat de selectie van de taferelen die voor zijn graf werden gemaakt slechts een gedeeltelijke weergave van enkele gebruikelijke thema's omvatte. Het agrarische onderdeel van zijn grafdecoratie is ernstig beschadigd, maar de overgebleven sporen laten zien dat weinig meer dan de gebruikelijke scenes van ploegen, zaaien, oogsten en het opslaan van het graan afgebeeld waren. Over Rechmire wordt, typisch, daarbij geschreven, dat hij 'zich verheugt wanneer hij het vee ziet, zich vermaakt met het werk op het land, en kijkt naar het werk in de tijden van oogst en verbouwing'[6].

---

6. N. de G. Davies, *The Tomb of Rekh-mi-Rē^c at Thebes*, New York 1943, Pl. XL, 2.

Het was in feite een conventie geworden dat iemand met een hoge positie zich amuseerde met het kijken naar het werken van anderen, voornamelijk wanneer dat werk was op het land. In de soortgelijke taferelen in de Ouderijks mastaba-kapellen wordt van de grafeigenaar gewoonlijk beschreven dat hij de verschillende werkzaamheden op het land *beziet*; wat hij doet is inspecteren en toezicht houden[7]. Rechmire had het echter te druk met politieke aangelegenheden, om meer te kunnen doen dan af en toe een bezoek te brengen aan de landgoederen van de god Amon, en om zich te vermaken met te zien hoe alles onder zijn bestuur goede voortgang vond. Hij was per slot van rekening 'opzichter van alle bezittingen van Amon' en 'rentmeester van Amon'; buiten alle twijfel droeg hij dus de uiteindelijke verantwoordelijkheid. Hij bezat echter geen specifiek agrarische titels onder zijn vele officiële functies. Desalniettemin was het binnenhalen van een goede oogst een belangrijke gebeurtenis waar Rechmire niet alleen eer mee kon behalen, maar ook zelf genoegen in kon hebben. Hij zag geen reden waarom hij de aanvaarding van de eer van het succes zou moeten ontwijken, en kende zichzelf in het voorkomende geval passende epitheta toe, zoals 'geprezen door Nepri' (de graangod), 'geprezen door Ernuthis' (de godin van de oogst), 'geprezen door Sechat-Hor' (een vee-godin), 'hij die de opslagplaatsen vult en de graanschuren verrijkt'. De afbeelding van het werk op het land die Rechmire als zijn eeuwig verwijzingspunt voor het leven na de dood zou hebben, was in alle opzichten ideaal. Ook de bijschriften die boven de verschillende activiteiten zijn geschreven stellen ondubbelzinnig vast hoe schitterend alles verloopt. Veel is verloren gegaan of is beschadigd, maar een paar zinnen behoeven weinig aanvulling om ze doodleuk te laten constateren: 'het vee verkeert in een uitstekende toestand' en 'de landerijen verkeren in uitstekende toestand'. Dergelijke beweringen waren gebruikelijk; maar in sommige graven bezitten de korte bijschriften, die bij taferelen op het land en elders behoren, een robuuste originaliteit, die in de stadse clichés van Rechmires verheven wanden ontbreekt.

Om een wat meer aardse indruk van het leven op het land in het midden van de 18e dynastie (*ca.* 1552-1306 v. Chr.) te verkrijgen, kunnen we een korte reis ondernemen van Thebe naar Elkab, ongeveer 85 km. naar het zuiden, het gebied van Necheb, de hoofdstad van de Derde Boven-Egyptische provincie of gouw. De voornaamste necropolis, die door de plaatselijke adel gebruikt werd, ligt hier op de oostoever van de Nijl dicht bij

---

7. Bijv. in N. de G. Davies, *The Mastaba of Ptahhetep end Akhethetep II*, Londen 1901, Pl.XX.

het stadgebied van Necheb. Van de in de rots uitgehouwen graven uit de 18ᵉ dynastie was de belangrijkste bestemd voor Paheri, de burgemeester van Necheb en van Ioeniet (het moderne Esna). Hij bekleedde zijn functies gedurende het midden van de 18ᵉ dynastie. Een gedeelte van zijn carriere viel zo goed als zeker in de regering van Toethmoses III. Hoewel Necheb per schip nauwelijks een dagreis van Thebe verwijderd was (wanneer er een gunstige wind stond), lag het onmiskenbaar in het 'binnenland'. Iets provinciaals is ook te ontwaren in de grafdecoratie in de hal, die als kapel diende voor Paheri's graf[8]. De afbeeldingen zijn uitgevoerd in beschilderd *bas*-relief. De kleuren stammen uit een veel minder verfijnd palet dan in dezelfde tijd in de necropolis van de hoofdstad gebruikt werd. De stijl die door de kunstenaars van Necheb is gebruikt toont een stijf formalisme, dat herinnert aan Thebaanse reliefs van een vorige generatie. Deze stijl is nog gebruikt in de wat repeterende friezen van soldaten en offerdragers in Hatsjepsoets graftempel in Deir el-Bahri; overigens zonder de verreweg superieure kwaliteit van de technische uitvoering van deze tempelafbeeldingen te miskennen. De taferelen in het graf van Rechmire uit bijna dezelfde tijd vertonen een in alle opzichten flexibeler manier van weergeven. De nieuwigheid hiervan kan slechts ten dele worden toegeschreven aan het feit dat zij alleen als schildering, en niet in beschilderd relief uitgevoerd zijn.

Aan de onderwerpen die voor Paheri's grafkapel zijn uitgekozen kan het echt proviciale van deze betrekkelijk afgelegen plaats worden onderkend. In Necheb was de juiste regeling van de landbouw van het eerste belang, en ook het grootste gedeelte van een van de twee lange zijwanden van de kapel (de westwand) wordt bijna geheel in beslag genomen met de gebruikelijke taferelen op het land[9]. Wat de afbeeldingen van boeren die aan het werk zijn bijzonder verlevendigt, is het opnemen van teksten met opmerkingen die aan sommigen van de arbeiders worden toegekend. Het bovenste gedeelte van de wand dat de belangrijke taferelen bevat is verdeeld in drie rijen of registers met kleinschalige taferelen, overschaduwd door een figuur van Paheri aan de linkerzijde, afgebeeld op een veel grotere schaal. Van hem wordt gezegd dat hij 'de seizoenen van droogte (oogst) ziet, het seizoen van het 'tevoorschijnkomen' (landbewerking), en alle werkzaamheden die op het land aan de gang zijn'. Hij wordt gekarakteriseerd met het

---

8. De graftaferelen zijn volledig gepubliceerd in J.J. Tylor en F.Ll. Griffith, *The Tomb of Paheri*, uitgegeven in één deel met É. Naville, *Ahnas el Medineh*, Londen 1894.
9. Tylor en Griffith, *op. cit.*, Pl. III.

*Afbeelding 1. Paheri inspecteert het werk op zijn velden, ver-
gezeld van bedienden met verscheidene voorraden, waaronder doeken, sandalen en een stoel.*

epitheton 'de inspecteur over het land van de zuidelijke provincie'. Wat hij
inspecteert wordt getoond in de drie tegenoverliggende registers, die
gerangschikt moeten worden van beneden naar boven, te lezen als het ware
beginnend bij rechts (*Afb. 1-8*).

De eerste groep afgebeeld in het onderste register bestaat uit zes mannen die bezig zijn met het ploegen met de hand. Twee paar mannen trekken
de ploeg voorwaarts die in controle wordt gehouden door een oudere man,
wiens leeftijd en wat superieure status is aangegeven door zijn dun sliertend
haar en zijn dikke buik. Dit laatste is in Egyptische afbeeldingen altijd een
teken van een tamelijk welvarend leven. Een jonge man maakt de groep volledig; hij loopt achter de ploeg en werpt zaad in de voor. De ploeg is zeer
eenvoudig en bestaat uit een dissel, waaraan aan het beneden-eind een
ploegschaar slordig is vastgemaakt. Door een gevlochten touw wordt voorkomen dat de ploegschaar in verhouding met de dissel een te grote hoek
maakt. Aan hetzelfde eind van de dissel verheft zich het handvat, meer

Afbeelding 2. Ploegen met de hand en graven met de hak.

gebruikt om de ploegschaar in de voor te drukken dan om zijn richting te bepalen. Kennelijk drukt de oude man het ding naar beneden terwijl zij zich voorwaarts bewegen. De constructie van deze typisch Egyptische ploeg is primitief, maar zeer effectief; de enkele overgebleven voorbeelden laten zien dat slechts af en toe de ploegschaar meer was dan een, misschien door vuur verhard, puntig stuk hout. Zeldzame voorbeelden tonen sporen van bronzen bladen. Zij waren niet, zoals de moderne ploegen, gemaakt om de grond te keren. De mannen die de ploeg trekken gebruiken naar het schijnt twee verschillende middelen: de voorste twee trekken blijkbaar aan een dwarsbalk die in een rechte hoek aan het boven-eind van de dissel is bevestigd, terwijl de andere twee aan touwen of riemen trekken die op een of andere wijze aan een plaats ongeveer halverwege de dissel zijn vastgemaakt. Het is tamelijk ongewoon dat een ploeg door mankracht getrokken wordt. Deze taak werd doorgaans door vee uitgevoerd, zoals we verderop in het-zelfde register zien. Toch schijnen de arbeiders die met dit werk zijn belast, niet al te zeer ontmoedigd. Ze verklaren (de woorden zijn boven hen geschreven, als in de 'ballonnen' uit een strip-verhaal): 'Laten we werken. Zie op ons. Vrees niet voor het land, het is in een uitstekende toestand'. Hun enthousiasme vindt ondertussen weerklank bij de jonge man die het graan zaait: 'Het jaar is goed, vrij van problemen, alle gewassen doen het goed en de kalveren zijn het beste van alles'. De oude man achter de ploeg ant-woordt: 'Wat je zegt is geheel waar, mijn zoon' (*Afb. 2*).

Meer naar links op het register komen we bij twee paar arbeiders die schoffels gebruiken om, nadat de ploegen de eerste voren gemaakt hebben, de grond verder open te breken. De bodem van Egypte is fijn en los als hij droog is, maar zwaar en klef wanneer hij door de overstroming is door-drenkt. Er vormden zich dan grote kluiten die, wanneer de ploeg er langs was gegaan, met de hand stuk gemaakt moesten worden. De vorm van de schoffel lijkt hier in principe veel op die van de ploeg, behalve dat het gedeelte dat met de ploegschaar correspondeert langer is dan het handvat. Een stel schoffels heeft de verbindingstouwen die op de ploeg werden gevonden; op het andere stel wordt geen touw afgebeeld, waarschijnlijk omdat elke schoffel gemaakt is uit één stuk hout met een natuurlijke hoek. Beide soorten schoffels kennen wij van exemplaren uit de Oudheid die bewaard zijn gebleven. Schoffels met afzonderlijke handvatten en bladen hebben meestal - vooral in het Nieuwe Rijk - peddelvormige bladen. Zij waren zo geschikt om niet alleen dienst te doen als bruikbaar gereedschap om kluiten te breken, maar ook als werktuig voor het vullen van manden; het equivalent van de moderne schop en de antieke pendant van de *turiya* die tegenwoordig in Egypte wordt gebruikt als een dubbel-functioneel werk-tuig, zowel om te graven als om te spitten. De kunstenaar die dit tafereel heeft verzorgd, heeft zorgvuldig de twee types schoffel uit elkaar gehouden; op die met de verbindingstouwen is de naad tussen handvat en blad duide-lijk aangegeven, terwijl, geheel correct, op de schoffels-uit-één-stuk geen naad is aangegeven. Het bedaarde, maar buiten twijfel onwaarschijnlijk enthousiasme voor hun slopend werk, gesuggereerd door de opmerkingen van de eerste groep arbeiders, vindt weerklank bij een van de mannen met de schoffels-uit-één-stuk: 'Ik zal zelfs meer doen dan de (toebedeelde) taak voor de edelman'. Zijn kruiperige ijver wordt door een van zijn maats met de schoffels uit twee stukken niet met onverdeelde instemming begroet: 'M'n vriend, schiet op met het werk, zodat je ons bijtijds naar huis laat gaan'. Het geeft uiteindelijk veel voldoening om te ontdekken dat een zweem van ontevredenheid ingekropen is in het idyllisch beeld dat Paheri moest voorzien van de toneelschikking voor zijn leven na de dood.

Meer van het ploegen wordt verderop in het register afgebeeld. Twee groepen besturen twee ploegen; in deze weergave achter elkaar, in werke-lijkheid echter ploegden ze waarschijnlijk evenwijdige voren. Deze ploegen worden getrokken door een stel ossen. Op het afgebeelde detail is te zien dat de dissel steeds is bevestigd aan een dwarshout dat met touw aan de hoornen van de ossen is vastgemaakt. Deze wijze van bevestiging, kennelijk niet ongewoon (tenminste op basis van het Nieuwerijks materiaal), lijkt de voorkeur gekregen te hebben boven de oudere en meer voor de hand liggende gewoonte om een juk te bevestigen op de nek van de dieren. Elke ploeg wordt onder controle gehouden door een arbeider die het handvat neerdrukt om de ploegschaar in de grond te houden; en elk van

Afbeelding 3. Ploegen met een span ossen. Paheri's strijdwaren wacht op z'n terugkeer.

hen wordt door iemand anders, die het zaad uitstrooit, vergezeld. De man die de tweede ploeg in controle houdt gebruikt om zijn span aan te sporen een zweep met twee riemen, terwijl een kind kennelijk dezelfde taak verricht voor de andere groep. Opzettelijke beschadiging van een deel van zijn figuur maakt juist dat wat hij in zijn opgeheven hand heeft onzichtbaar; er kan echter een zweep of prikkel verondersteld worden. De beschadiging aan gezichten, en in sommige gevallen ook aan handen, komt in het gehele graf voor. Zij is een vorm van verminking, die waarschijnlijk aan de reliëfs is toegebracht door zwervers, die het graf in later tijden als huis gebruikt hebben. Deze zwervers, niet noodzakelijk vroege Christenen zoals vaak beweerd wordt, waren bang voor de daadwerkelijke vijandschap van de mensen die op het reliëf waren afgebeeld en door middel van magie het leven kregen. Dit was als het ware het omgekeerde van de verwachting van Paheri, die de reliëfs had laten graveren met het oogmerk dat zij, ook door middel van magie, het leven zouden krijgen ten bate van hemzelf na zijn dood. Deze verminking houdt in dit graf gelukkig zelden de oorspronkelijke beschildering verborgen (*Afb. 3*).

Een tekst die boven de twee ploegende spannen doorloopt drukt het algemene plezier van de mannen in hun werk uit: 'Een mooie dag; het is koel; het vee trekt (de ploeg); de hemel is ons gunstig gezind; laten we voor de edelman werken'. Maar zelfs daar waar de façade van ijver en vlijt gaaf en glad schijnt, behoeft niet alles goed te zijn. Iets van schuldbesef klinkt door in de woorden die de tweede ploeger tot de eerste uitspreekt: 'Schiet op, baas, spoor het vee aan. Zie! De burgemeester staat er en kijkt toe'. Het is de oude kreet 'Doe alsof je druk bezig bent!' En inderdaad, Paheri is naar het land gekomen om te zien hoe het met het werk gaat. Links van de arbeiders die aan het ploegen en schoffelen zijn staat Paheri's wagen, door twee paarden getrokken en bewaakt door zijn menner Chenmem. Hij houdt de riemen en een zweep in de ene hand en een boog in de andere. Hij schijnt enige moeite te hebben om het span in bedwang te houden: 'Sta stil! Spartel niet tegen, uitmuntend span van de burgemeester(?), door uw meester bemind, en waarop de burgemeester zich tegenover iedereen beroemt'. Dit behoeft geen loze bewering geweest te zijn, want paarden waren in Egypte in het begin van de 15ᵉ eeuw v. Chr. nog zoiets als een nieuwigheid. Het is goed mogelijk dat Paheri de eerste burgemeester van Necheb was die een door paarden getrokken wagen had. Ongetwijfeld zal hij er even trots op geweest zijn om met hen zijn provincie rond te rijden, als een landeigenaar in het einde van de 19ᵉ eeuw dat was op zijn primitieve automobiel. Terwijl de menner/chauffeur wacht en de levendige paarden in bedwang houdt, is zijn meester de landerijen door naar de rivieroever gelopen, om zoals we gezien hebben de landarbeiders te waarschuwen en tot enthousiasme aan te zetten. Aan het einde van zijn wandeling wordt hij staande afgebeeld (aan het andere einde van het register), terwijl hij het laden van schepen in ogenschouw neemt. Deze gebeurtenis vond in werkelijkheid plaats op een ander moment van de jaarlijkse agrarische kringloop. We zullen er later op terugkomen. De noodzaak om zoveel mogelijk activiteiten af te beelden als binnen een klein ruimtelijk bestek mogelijk was, leidde tot het naast elkaar plaatsen van vele gebeurtenissen die eerder opeenvolgend dan gelijktijdig waren. Het is dan ook soms moeilijk om de volgorde, waarin de taferelen op de muur gelezen moeten worden, te bepalen. Voor de eigenaar van het graf was deze kennelijke verwarring in het geheel geen verwarring; het activiteitenpanorama in zijn geheel vormde zijn totaalverwachting voor het leven na de dood. Hijzelf verwachtte van deze 'blauwdruk' zijn eigen bestemming voor de eeuwigheid af te lezen.

Bij het overzicht van de agrarische taferelen in Paheri's graf wordt van de grote figuur gezegd dat hij de jaargetijden van 'droogte' en 'tevoorschijnkomen', en 'al de werkzaamheden die op het land plaats hebben' in ogenschouw neemt (zie *Afb. 1*). Het Egyptische jaar had drie jaargetijden van vier maanden die genoemd waren naar die verschijnselen die hiervoor vanuit het land bezien kenmerkend waren. Het zomerseizoen was de tijd dat geheel Egypte door de Nijl was overstroomd, en er geen activiteit op het land was; dit was 'overstroming' (*achet*). Dan kwam het seizoen waarin het water zich binnen de rivieroevers terugtrok en waarin het land - doordrenkt en voor bewerking gereed - van onder de overstroming tevoorschijn kwam; dit was 'tevoorschijnkomen' (*peret*). Na dit seizoen kwam de tijd dat het land langzaam uitdroogde, dat de plassen en meren die de overstroming had achtergelaten verdampten, dat het gewas rijp werd en geoogst werd; dit was 'droogte' (*sjemoe*). In de taferelen in Paheri's graf die tot nu toe zijn bestudeerd hebben we te maken gehad met de activiteiten in het seizoen van het 'tevoorschijnkomen', dat voor moderne begrippen ongeveer half oktober begon en duurde tot half februari. Het eerste gedeelte van dit seizoen was een tijd van zeer grote activiteit op het land, want naast het ploegen en het planten van het gewas, was er het jaarlijkse karwei om het land na de verwoesting door de overstroming op orde te brengen.

Het goede beheer van het land was een van de grootste prestaties van de Oude Egyptenaren. Vanaf de vroegste historische tijden is er sprake van de aanstelling van beambten met speciale verplichtingen betreffende controle en instandhouding van rivieroevers en kanalen, en het opzicht over de juiste verdeling van het land[10]. De gemakkelijkheid van de landbewerking in het Nijldal, te danken aan een overvloed aan water en een rijke bodem, leidde tot de vroege bewoning van het land. Toen de bevolking aanwaste en organisatie kreeg, eerst op provinciale basis en later op nationaal niveau, betroffen verschillende van de belangrijke bestuurstaken de organisatie van het land en de beheersing van het water. Het was de roem van een goed provincie-bestuurder dat hij in staat was tot de instandhouding van een goede land- en waterbeheersing binnen zijn provincie, zelfs terwijl elders de zaken er slecht voor stonden. Amenhemet, bestuurder (gouwvorst) van de Oryx-provincie (gouw) in Midden-Egypte ten tijde van de regering van Sesostris I van de 12e dynastie (ca. 1971-1929 v. Chr.), beschreef verschillende prestaties uit zijn loopbaan als volgt:[11]

> 'Toen er jaren van honger kwamen, bewerkte ik al de landerijen van de Oryx-gouw tot op de zuidelijke en noordelijke grens, en gaf leven aan zijn inwoners en voorzag in zijn voedsel. Niemand was hier hongerig. Ik gaf de weduwe evenveel als haar die een man had. Ik maakte in alles wat ik gaf geen onderscheid tussen groot en klein. Toen kwamen er grote overstromingen, die gewas en alle dingen meebrachten; maar ik heb de achterstallige grondbelasting niet geëist'.

In Amenhemets bewering kunnen we een naklank ontdekken van trots op locale prestaties, die teruggaat op met name de donkere dagen van de Eerste Tussentijd (ca. 2155-2040 v. Chr.), nog geen eeuw daarvoor, toen Egypte geen centraal gezag had en er in heel het land geen coördinatie was van de waterbeheersing. Het was bijna een zaak van iedere gouw apart, en alleen wanneer een gouw een ter zake kundig en zorgzaam gouwvorst had, was er enige hoop dat een goed bestuur de effecten van de ineenstorting van het

---

10. Zie H. Kees, *Ancient Egypt*, Londen 1961, 52 vv., en H. Schneider, *Shabtis* I, Leiden 1977, 9 vv.

11. P.E. Newberry, *Beni Hasan* I, Londen 1893, Pl. VIII, 19 vv.

nationale systeem zou minimaliseren. Op lange termijn echter berustte het welslagen van bestuur en bewerking van het land in het Oude Egypte op de doeltreffendheid van het gehele systeem. Zwakke schakels waren erg nadelig, en werden in jaren met een geringe overstroming fataal.

Er is veel bewijsmateriaal dat aantoont dat er een aantal jaren met lage Nijlstanden voorkwam gedurende de Eerste Tussentijd en de 11^e dynastie, en dat er veel ontbering op volgde - 'jaren van honger', zoals Amenhemet ze noemde. Een kleine boer uit het gebied rond Thebe, die zijn familie schreef in de laatste jaren van de 11^e dynastie, geeft hen een uitbrander omdat ze over kleine voedselhoeveelheden hadden geklaagd, en herinnert ze aan wat hij gedaan heeft om ze in tijden van tekort te ondersteunen:[12]

'Zie! Het gehele land is vergaan terwijl [jullie] geen honger hebben. Toen ik hierheen naar het zuiden kwam heb ik jullie voedselhoeveelheid goed vastgesteld. [Nu] is de overstroming [erg groot ?] Zie! [Onze] voedselhoeveelheid is voor ons bepaald overeenkomstig de stand van zaken van de overstroming. Wees geduldig, jullie allen(?). Zie! Tot op vandaag heb ik er alles aan gedaan om jullie van voedsel te voorzien'.

Nadat hij de leden van zijn huishouden opgesomd en hun voedselhoeveelheid per individu gespecificeerd heeft, vervolgt deze boer, Hekanachte genaamd:

'Wanneer jullie boosheid hierover vermijden, (weet dan): het hele huishouden is als mijn kinderen - alles is van mij - (want men zegt) 'beter half-levend dan helemaal dood'. Zie! Men zegt 'honger' van honger. Zie! Zij zijn hier begonnen om mensen te eten. Zie! Er zijn nergens mensen aan wie dergelijke voedselhoeveelheden [nl. die hij eerder heeft opgesomd] worden gegeven. Jullie moeten je kloekmoedig gedragen totdat ik bij jullie ben gekomen'.

Deze brief was niet (zoals een grafinscriptie) een vermelding van prestaties, bestemd voor de oren van het nageslacht, of een voorbeeld voor leerling-ambtenaren om over te schrijven. Hekanachte richtte zich alleen tot zijn familie; en wat hij over de armoedige omstandigheden zegt kan voor waar worden aangenomen, hoewel de toespeling op kannibalisme op overdrijving kan berusten. Hier, op het kleinste persoonlijke niveau, treffen we een man aan met verantwoordelijkheidsgevoel, die door goede maatregelen zijn mensen hielp om de gevolgen van lage Nijlstanden en slechte oogsten te overle-

---

12. De brief is gepubliceerd door T.G.H. James, *The Hekanakhte Papers*, New York 1962, 31 vv.

ven. Zijn bewering lijkt veel op die van Anchtifi, gouwvorst van Edfoe en Hierakonpolis gedurende de Eerste Tussentijd. In zijn graf in Moalla, slechts enkele mijlen ten zuiden van Thebe, beschrijft hij, na de gebruikelijke beweringen over het ondersteunen van het zwakke, kleine en hulpeloze gemaakt te hebben, hoe de mensen van ver kwamen, uit het zuiden en uit het noorden, om van hem in een tijd van honger graan te krijgen: 'Het gehele Boven-Egypte stierf van honger (zozeer dat) alle mensen hun kinderen opaten. Maar in deze gouw kwam de hongerdood nooit voor'[13].

Een goed bestuur hielp daarom ook wanneer de natuur naliet de ideale omstandigheden te verschaffen die in Egypte voor geslaagde oogsten nodig waren. Wanneer het algemene bestuur van Egypte goed was, was het eenvoudiger om in tijd van nood een nationale strategie uit te voeren. Dit blijkt duidelijk uit de stappen die Jozef ondernam in de zeven magere jaren - 'jaren van honger'; en ook uit de beweringen die de afzonderlijke gouwvorsten hebben gedaan. Wanneer het algemene bestuur ineenstortte had alleen de goede gouwvorst succes. Het is overigens opmerkelijk dat het beste directe bewijs voor jaren van honger afkomstig is uit teksten uit die perioden waarin het centrale bestuur, zoals in de Eerste Tussentijd, zwak was of zelfs niet bestond. In tijden met een goed bestuur waren de dingen automatisch beter. Het is opvallend dat er gedurende de 18e dynastie geen uitspraken zijn over het voorkomen van honger en ongunstige Nijlstanden[14]. Het is mogelijk dat er in deze tijd minder lage Nijlstanden voorvielen dan in eerdere perioden. Een belangrijker factor echter was de hoge mate van goed bestuur gedurende de 18e dynastie. Men liet niet veel aan het toeval over, en als we de uitspraken die in de tekst van *De Taken van de Vizier* gedaan worden mogen geloven[15], dan had men de lessen van een goed beheer van het land inderdaad geleerd. Door regelmatige verslagen uit het gehele land kon de vizier de stand van zaken in elk seizoen weten: 'Hij is het die burgemeesters en districtgouverneurs moet afzenden om de landbewerking in de zomer te (regelen)'. Hij heeft het opzicht over het afpalen van districtgrenzen, en doet onderzoek naar zaken die op de grenzen van landgoederen betrekking hebben. 'Hij is het die de watervoorraden moet controleren op de eerste dag van iedere periode van tien dagen'.

---

13. Zie voor deze passage J. Vandier, *Mo'alla*, Cairo 1950, 220 (tekst iv, 15-18).
14. Zie J. Vandier, *La famine dans l'Égypte ancienne*, Cairo 1936, 23 vv. Voor de periode van het Middenrijk en daarvoor, zie twee artikelen van B. Bell in *American Journal of Archaeology* 75 (1971), 1 vv., en 79 (1975), 223 vv.
15. Zie T.G.H. James, *Pharaoh's People*, Oxford/Melbourne 1985, 51-72.

Geen tijd was in de loop van het jaar van beslissender betekenis voor het slagen van het gewas dan de weken die volgden op het terugtrekken van het overstromingswater. Dat was de tijd waarin de goede uitvoering van het nationale irrigatieplan op locaal niveau moest worden toegepast. Het gevolg van de jaarlijkse overstroming was, dat het meeste cultuurland onder water kwam te staan en alleen dorpen, kruinen van dijken (waar de wegen en paden over liepen) en natuurlijk ontstane hoge plaatsen van water verschoond bleven, behalve in jaren met een zeer hoge Nijlstand. Veel van het geïnundeerde land bleef overstroomd nadat het water weggelopen was, en vormde de 'bassins' of laagten die de sleutel en mogelijkheid verschaften van een succesvolle irrigatie gedurende de gehele dynastieke periode en daarna. Een goede exploitatie van de 'bassins' was afhankelijk van een goed en effectief systeem van kanalen en dijken om water op te slaan en te sturen naar gelang nodig was. De uitbreiding van cultuurland was dan ook veroorzaakt door een intelligent gebruikmaken van het systeem. Hier lag voor de plaatselijke bestuurder de mogelijkheid voor de verbetering van de landbouw in zijn district, de welvaart van de inwoners ter plaatse en zijn eigen reputatie. Het succes van de centrale regering was gevolg van de succesvolle toepassing van het systeem op al zijn plaatselijke delen. In de moeilijke periode van de Eerste Tussentijd maakte een gouwvorst, Achtoy van de 13ᵉ Boven-Egyptische gouw, in zijn grafinscriptie duidelijk hoe hij door een goede waterbeheersing en nieuwe bouwwerken wonderen voor zijn land en zijn volk gedaan had. Lastige kleine gaten in de tekst maken een doorlopende vertaling onmogelijk. Er is echter genoeg overgebleven om Achtoy's beweringen tamelijk duidelijk te maken:[16]

'Ik maakte een monument in [Sioet?] ... Ik zorgde voor (?) een kanaal van 10 el (breed), dat ik in het bouwland uitgroef, en ik bracht zijn sluis in orde ... ik voorzag mijn stad van voedsel; ik maakte de gewone werkman tot iemand die gerst at en maakte spuwen midden op de dag mogelijk (nl. door de mensen geen dorst te laten lijden) ... ik legde voor deze stad een dijk aan. Boven-Egypte verkeerde zonder zicht op water in een ellendige toestand. Ik bevestigde de grenzen van ... met mijn zegel. Ik veranderde de hoge gronden in een moeras.Ik maakte het mogelijk dat de overstroming over de oude hoge plaatsen heen kon komen. Ik maakte het bebouwbare land [flink nat ?], terwijl aan beide zijden (van mijn gebied) alles was verdroogd.

16. F.Ll. Griffiths, *The Inscriptions of Siût and Dêr Rîfeh*, Londen 1889, Pl. 15, 3-6. Over lage en hoge Nijlstanden, hun gevolgen en controle, zie K.W. Butzer, *Early Hydraulic Civilization in Egypt*, Chicago 1976, 51 vv.

[Iedereen genoot ?] de overstroming naar hartelust, en het water werd aan zijn buurman gegeven, hij was vriendelijk voor hen'. Vervolgens geeft Achtoy met meer nauwkeurigheid op hoe welvarend iedereen als gevolg van zijn verstandige maatregelen werd. Wat uit zijn inscriptie overduidelijk naar voren komt is dat succes inzake irrigatie niet gewoon een zaak van toeval was. Om de gevolgen van lage overstromingen tegen te gaan konden stappen ondernomen worden; evengoed konden stappen ondernomen worden om een succesvolle waterbeheersing in stand te houden en te ontwikkelen. En zelfs wanneer de rivier zich naar verwachting gedroeg kon niet alles aan het toeval worden overgelaten, want de overstroming bleef een overstroming, en het overstromingswater was van nature een veroorzaker van vernielingen.

Werk op het land gaat onophoudelijk door: de werkzaamheden in de jaargetijden volgen elkaar, met verschillende graden van moeilijkheid en inspanning, regelmatig op. In Egypte werd de lange 'zomervakantie' gedurende de overstromingsperiode gevolgd door een seizoen van hoogst intensief werken, waarin het land voor beplanting gereed werd gemaakt. Het gereedmaken hield in het herstel van de regelmatige trekken van het valleilandschap na de verwoesting door de overstroming. In de kortst mogelijke tijd werden de kanalen en de kleinere watergeulen tot hun oorspronkelijke diepte uitgegraven, en de dijken en andere verhoogde land-'delers' gerepareerd en tot aan hun juiste punt opgehoogd. De spuisluizen werden in orde gebracht en de grenzen van de landgoederen door het aanbrengen van markering vastgelegd. Dit alles moest voor het uitdrogen van het land zijn voltooid, zodat het ploegen en het zaaien plaats konden vinden. De gewone capaciteit aan landarbeiders kan moeilijk groot of geconcentreerd genoeg geweest zijn om dit jaarlijkse spoedprogramma alleen te volbrengen. Het arbeidsprobleem werd opgelost door de normale Egyptische praktijk van *corvee* - herendienst, of het bij decreet op de been brengen van werkploegen. Voor deze verplichting kwam iedereen in aanmerking die geen duidelijke verontschuldiging had, of vanwege zijn status, of omdat hij dienst deed in een of andere bijzondere instelling zoals bepaalde tempels. Details van de middelen om deze werktroepen op de been te brengen zijn niet bekend. Algemeen wordt echter gedacht dat de verplichte arbeidsdienst op plaatselijk niveau werd georganiseerd en gecontroleerd. Een suggestie van een centrale controle van deze zaken is te vinden in *De Taken van de Vizier*, in de woorden: 'Hij is het die de regionale beambten moet afzenden om door het gehele land dijken aan te leggen'. De dwang die vervat ligt in deze jaarlijkse recrutering voor het werk op het land na de overstroming, is levendig bewaard gebleven zowel in het begrip van de *sjabti*-figuur als in de teksten die doorgaans magisch gebruikt werden om de *sjabti* in de onderwereld tot leven te wekken. Vanaf de tijd van het vroege Middenrijk (*ca.* 2134-1785 v. Chr.) droeg de welgestelde Egyptenaar, die een behoorlijke begrafenis en de verwachting van een leven na de dood in de Rietvelden tegemoet kon zien, zorg voor de verzekering dat hij in zijn leven na de dood niet gerecruteerd zou worden voor het in herendienst werken op het land. In de tijd van de 18ᵉ dynastie waren alle naar behoren samengestelde grafuitrustingen voorzien van een of meer *sjabti*-figuren - kleine beeldjes die de overleden eigenaar voorstelden als een ingepakte mummie. Eerst waren zij niet beladen, maar in latere uitbeeldingen droegen ze het gereedschap van de landarbeider, de schoffel en de houweel, met een draagmand. De meeste figuren zijn beschreven met teksten die bedoeld zijn om ze ten voordele van hun overleden eigenaar aan het werk te zetten. Na een eerste aansporing, waarin de overledene wordt aangeduid als 'Osiris-NN', zegt hij:

'O deze *sjabti*! Indien Osiris-NN, gerechtvaardigd, opgedragen wordt om enig werk te doen dat naar gewoonte in de necropolis gedaan wordt, zoals een man zijn plichten (waarneemt) - nu hem hierin een beletsel in de weg is gelegd - om het land welvarend te maken, het oeverland te irrigeren, en zand over te zetten van het oosten naar het westen; 'Ik zal het doen, hier ben ik', moet je dan zeggen'.

Deze tekst, die vanaf het Middenrijk tot aan het einde van de faraonische periode in vele verschillende vormen voorkomt, maakt het redelijkerwijs duidelijk dat iemand kon verwachten opgeroepen te worden om in het leven na de dood werk te verrichten. In de hier geboden versie[17], die in de 18ᵉ dynastie gebruikelijk was, laat de tussenzin 'nu hem hierin een beletsel in de weg is gelegd' zonder enige twijfel zien hoe onaangenaam de Egyptenaar het vond om zijn naam op de oproeplijst voor herendienst in de landbouw te hebben. Bijgevolg wordt de *sjabti*-figuur middels een aanroeping bevolen om een antwoord te geven ten voordele van de overleden persoon, voor wie hij in de aangegeven taken als plaatsvervanger moet optreden. Gedurende het begin en het midden van de 18ᵉ dynastie kon de *sjabti* voorzien zijn van echt miniatuur gereedschap en manden, maar later werden deze werktuigen, zoals boven gezegd is, in de figuur geïncorporeerd.

Maar weinig teksten beschrijven het lot van de landarbeider, vooral de arbeider in herendienst, afgezien van die gedeelten uit verhandelingen die bedoeld zijn om te laten zien hoe voortreffelijk het beroep van ambtenaar is. De ambtenaar was waarschijnlijk vrijgesteld van de oproep en kon daarom

---

17. Uit: H. Schneider, *Shabtis* I, Leiden 1977, 102 (versie IVD).

op zijn positie bijzonder trots zijn. Niettegenstaande het onmiskenbaar bevooroordeelde karakter van deze teksten, is er toch geen reden om aan te nemen dat zij de ellende erg overdrijven van degene die door dwang op het land te werk gesteld kon worden, hetzij door oproep, dan wel om een andere reden zoals rechterlijke straf. De positie van krijgsgevangenen of van hen die zich in een of andere vorm van slavernij bevonden moet hier wellicht buiten beschouwing blijven, omdat zij, anders dan de arbeider in herendienst, (in verhouding) minder reden gehad zullen hebben om hun lot als ongunstig te beschouwen. Wat hun behandeling aangaat, is het echter onwaarschijnlijk dat er bij de toewijzing van werkzaamheden en de uitoefening van controle veel onderscheid was tussen de te werk gestelde vrije burger en de gevangene of slaaf. Op een papyrus in het Brooklyn Museum komt, naast andere teksten uit het einde van het Middenrijk, een lijst voor van 76 personen, meest mannen, die in moeilijkheden waren gekomen omdat zij kennelijk uit hun verplichte arbeid waren gedeserteerd. Niet alleen waren zij bij gevolg aan zware straffen onderworpen, maar er werden ook, wanneer zij het nalieten om te verschijnen, gezinsleden in gijzeling genomen. Er wordt een aantal wetten genoemd aangaande desertie van te werk gestelden en andere arbeiders:[18]

De wet aangaande deserteurs;

De wet aangaande weloverwogen desertie voor 6 maanden;

De wet aangaande weloverwogen desertie uit het werk;

De wet aangaande de man die wegloopt zonder zijn plicht te doen. Het onderscheid tussen de verschillende 'misdaden' die onder deze wetten vallen, wordt in het document niet gespecificeerd. Het schijnt echter duidelijk dat simpele desertie waarschijnlijk voor minder misdadig werd gehouden dan desertie die vooraf werd beraamd. Vermoedelijk kon iemand na het ondergaan van een bijzonder onaangename belediging of straf van een opzichter of boerderij-beheerder zijn gereedschap neergooien en de hielen lichten. Zo iemand werd minder schuldig gehouden dan iemand die van te voren plannen maakte voor zijn ontsnapping. De verwijzingen naar werk en plicht onderstrepen het belang dat men hechtte aan de vervulling van de door dwang opgelegde diensten. Het systeem kan hen die eronder leden onrechtvaardig geschenen hebben, maar was eigenlijk beschouwd in de Oudheid de enige zekere weg om de voortgang van een goede landhuishouding te garanderen. Ongetwijfeld waren er ernstige misstanden, zowel in

---

18. Zie W.C. Hayes, *A Papyrus of the Late Middle Kingdom in the Brooklyn Museum*, Brooklyn 1955, 47 v.

het regelen van de herendienst als in de behandeling van de te werk gestelden; sommige van degenen die 'geteld' waren zullen de oproep hebben
voorkomen, hetzij door omkoping, dan wel door het bemachtigen van een
plaatsvervanger; sommige landbeheerders zullen de te werk gestelden
beschouwd hebben als vaste arbeiders of lijfeigenen. We moeten misschien
de negatieve aspecten van het systeem niet overdrijven, omdat het in de
Oudheid duizenden jaren is meegegaan en in een gewijzigde vorm bleef
bestaan tot in de 19ᵉ eeuw, toen het onder het Britse bestuur afgeschaft
werd. Hoe noodzakelijk het systeem in de Oudheid ook geschenen mag hebben, het leed en ongemak dat, deels uit noodzaak en af en toe door een
slechte behandeling, door de te werk gestelde geleden werd, was - helaas -
onontkoombaar. Dwangarbeid is zwaar werk, en het werk dat na de overstroming op het land werd uitgevoerd was stellig toch al zwaar werk. In de
11ᵉ dynastie spoort de kleine boer Hekanachte per brief degenen die op zijn
land werken (inclusief leden van zijn familie) aan om hard te werken, zodat
zij in hun onderhoud zouden kunnen voorzien: [19]

'Jullie moeten mijn mensen eten geven terwijl ze aan het werk zijn.
Pas goed op; schoffel al mijn land; zeef met de zeef; hak met je neus
in het werk. Ziet! Wanneer jullie ijverig zijn zal God om jullie geprezen worden en zal ik de dingen voor jullie niet onaangenaam behoeven te maken'.

Deze vermaning betekende inderdaad zwaar werk, maar het werk op het
land is altijd zo geweest. In Egypte was het klimaat tenminste betrekkelijk
gunstig, voornamelijk in de tijd van het jaar dat de verplichte arbeidsdienst
het omvangrijkst was.

Dat jaargetijde, voor de Oude Egyptenaren dat van het 'tevoorschijnkomen', was de periode van de meeste activiteit op het land, omdat niet
alleen het herstel van het land in de vallei erin viel, maar ook het ploegen
van het land en het zaaien van de voornaamste gewassen. Laatstgenoemde
waren de werkzaamheden die we zagen in de taferelen van het graf van
Paheri in Elkab. Het daaropvolgende seizoen van 'droogte' of 'uitdrogen'
bracht de oogst. Taferelen hiervan worden op dezelfde wand van Paheri's
graf ook afgebeeld, in de twee registers boven de taferelen met het ploegen
en het zaaien. Opnieuw is de realiteit van het leven op het land wat gewij-
zigd, en indien de afbeeldingen niet geheel idyllisch zijn, dan zijn ze toch
niet ver van het ideaal verwijderd. De arbeiders op het land zijn gewillige
werkers en hebben iets van oude trouwe bedienden. Er zijn geen sporen van

---

19. T.G.H. James, *The Hekanakhte Papers*, New York 1962, tekst II, 29-31.

Afbeelding 4. Het oogsten van graan met behulp van sikkels. Verfrissing voor Paheri.

verplichte arbeidsplicht van lijfeigenen en slaven, van gevangenen uit de plaatselijke gevangenis of van krijgsgevangenen. Het werk maakt voortgang zoals de meester het voor zijn eeuwig bestaan zou wensen; met enthousiasme en succes, en met slechts af en toe gemopper.

Van de twee registers die aan de oogst gewijd zijn, laat de onderste het afsnijden van de gewassen zien, terwijl de bovenste het verzamelen en opslaan van het graan weergeeft. Er worden twee soorten gewas geoogst; gerst aan de rechter- en vlas aan de linkerzijde. De gerst wordt gemaaid met sierlijk gevormde sikkels, die door de maaiers op een - naar het schijnt - nogal onhandige manier worden vastgehouden. Onderzoek van de sikkels uit de Oudheid die bewaard zijn gebleven toont aan dat de excentrische hoek, waarmee het handvat in verhouding staat tot de lijn van het lemmet, voor gebruik goed geschikt is, maar niet helemaal op de manier die hier is weergegeven. Vanaf de oudste tijden was de sikkel gemaakt van hout en bezet met korte gemodelleerde stenen bladen, afgeschuind en gekerfd of gezaagd, en bijzonder geschikt om met een goed geschatte half-draaiende houw de stengels van de staande gewassen af te snijden. De oude sikkelbladen tonen veelal een glans doordat zij zoveel voor gewassen zijn gebruikt. De manier van afsnijden wordt veel beter afgebeeld in een vergelijkbaar tafereel in het graf van Menna, een ambtenaar over het land van de Heer der Beide Landen in Boven en Beneden Egypte. Hij was een man die vermoedelijk wel wat afwist van de techniek van het werk op het land, en erop toezag dat de kunstenaars die aan zijn graftaferelen werkten, ze betrouwbaar weergaven[20]. In Paheri's graf zijn de sikkels schematisch afgebeeld, in de vorm waarin ze in het hieroglyfisch schrift worden getekend en zoals de kunstenaar ze ongetwijfeld het beste kon weergeven. Paheri's maaiers wer-

---

20. Voor deze afbeelding zie Nina Davies, *Ancient Egyptian Painting*, Chicago 1936, I, Pl. 50-51.

ken paarsgewijs: de eerste twee paar mannen snijden de gerst af door de aren met de linkerhand vast te pakken en de halmen af te snijden net onder de aar. Deze ongebruikelijke manier van maaien was in de Oudheid voor de Egyptische praktijk kenmerkend en had zekere voordelen boven het afmaaien van de gehele plant. In de eerste plaats moest alleen het wezenlijke gedeelte van het gewas naar de dorsvloer worden gedragen. Bovendien zou de dorsmethode, zoals we zullen zien, het stro in een zodanige toestand achterlaten dat het voor weinig anders geschikt zou zijn dan voor bedstro of om het fijn te hakken. Verder kon het staande stro later in goede staat van het land worden gehaald om voor vele, zowel agrarische als industriële, doeleinden gebruikt te worden. Behalve voor het maken van manden en stenen werd stro gebruikt als voornaamste brandstof om de pottebakkersovens te stoken. Maar ongetwijfeld was de belangrijkste reden om gerst op deze manier te maaien een practische reden, nl. arbeidsbesparing. De andere twee paar maaiers hebben het afsnijden van hun partij aren volbracht en onderbreken hun werk voor een pauze. Tussen hen en de eerste twee paar mannen staat een maaier alleen, met zijn sikkel onder de arm gehouden, drinkend uit een kruik. Deze bevatte vermoedelijk water. Het is echter niet duidelijk of de kruik afkomstig is van het openlucht-buffet rechts op het register, waarover een dienaar de leiding heeft die met een palmbladwaaier een kruik en een kan op houten onderstellen koelte toewaait. De sierlijkheid van de nabijgelegen kraam, met daarin meer potten op houten onderstellen (boven) en aardewerkhouders (onder) suggereert dat ze opgesteld is voor de verkwikking van Paheri zelf gedurende zijn bezoek aan het landerijen. De oppasser houdt een gevouwen doek in de ene hand, wat hem met zekerheid identificeert als een bediende uit Paheri's huishouding en niet als een van de

Afbeelding 5. Het oogsten van vlas.

landarbeiders. Het zal zeker het geval geweest zijn dat de landarbeiders hun eigen voorzieningen voor drinkwater getroffen hebben. Hun voedsel daarentegen werd waarschijnlijk door hun meester verstrekt. Voedsel en kleding waren zoveel als wat ze voor hun diensten als betaling konden verwachten (*Afb. 4*).

Een korte regel geïnscribeerd boven de gerstemaaiers behelst wat omschreven wordt als een 'antwoordende uitspraak', misschien een soort antifonische melodie voor onder het werk. Het volgt het woordpatroon dat de mannen die in het register daaronder met ossen ploegen in de mond wordt gelegd. De maaiers verklaren: 'Het is een mooie dag; ga uit op het land; de noordenwind is opgestoken; de hemel begunstigt ons; het is ons werk dat ons samenbindt'. De maaiers, die kennelijk tevreden zijn met hun werk, worden gevolgd door twee vrouwelijke figuren, geen van beiden volwassen, misschien een jonge vrouw en een meisje. Zij bukken om op te lezen wat de maaiers mochten hebben laten vallen en achtergelaten hebben. Eén, vermoedelijk de oudste, moppert op de maaiers: 'Geef me een handvol, anders laten jullie ons vanavond (weer) terugkomen. Herhaal vandaag de misdaden van gisteren niet'. Zij geeft te kennen dat de maaiers, of ten minste een van hen, gemeen en karig voor de lezers geweest zijn. De welwillende maaier liet ongetwijfeld een zekere hoeveelheid opzettelijk vallen, die later door de lezers werd opgeraapt. Op deze manier kon er een goede na-oogst plaatsvinden zonder al te veel slopende inspanning; anders zouden de maaiers 's avonds moeten terugkeren om het land na te speuren op een paar aren graan die mogelijk over het hoofd waren gezien. De eerste lezer draagt hier een soort draagmand op haar rug, terwijl het meisje een mand in de hand heeft. Lezen was ongetwijfeld een belangrijke manier om de bescheiden voedselhoeveelheden aan te vullen, en was in de praktijk waarschijnlijk een angstvallig bewaakt recht van zekere families op bepaalde landerijen. Het was werk dat tot geruzie leidde: het graf van Menna laat twee lezers zien - jonge meisjes - die elkaar aan het haar trekken, terwijl het graan dat door hen is verzameld, tussen hen in vermorst ligt.

De linkerzijde van het register met het oogsten in Paheri's graf wordt in beslag genomen door de vlasoogst. De opeenvolgende taferelen hiervan worden van de gerstoogst gescheiden door de afbeelding van een vrouw, die naar het land komt en vaten - nu beschadigd - draagt, die naar alle waarschijnlijkheid gevuld zijn met voedsel voor de arbeiders. Het vlas wordt daarom op een geheel andere manier geoogst dan de gerst; hier vormen de stengels het belangrijkste gedeelte van de plant. Het vlas wordt in zijn geheel uit de grond getrokken, de planten worden op orde gebracht en ver-

Afbeelding 6. Het vervoeren van graan naar de dorsvloer; dorsen met vee; het kaf scheiden van het koren.

volgens ter hand genomen om gerepeld en verder bewerkt te worden. Drie mannen en een vrouw trekken een handvol stengels uit de grond, een man keert de stengels ondersteboven om het onderste deel schoon te maken, en een oude man (afgebeeld met dun sliertend haar) bindt de stengels op tot bossen. De bossen worden dan naar een andere oudere werkman gebracht, die de zaadbollen van de stengels verwijdert met een speciaal getand instrument, een soort repel met een lang handvat die met de voet wordt bediend. Als enige onder de arbeiders die op het register afgebeeld zijn, werpt de oude man zich met duidelijk enthousiasme op zijn werk, en schreeuwt naar de man die de bundel brengt: 'Als je mij 11009 (bossen) brengt, zal ik ze repelen'. De ander antwoordt: 'Schiet op, klets niet, jij kale oude landarbeider!' Hier zijn de traditionele, over-en-weer roepende, vrolijke, opgeruimd brommende landlieden, die typerend zijn voor de onbehouwen maar vredige mythe van plattelandsgeluk. Dergelijke bescheiden uitdrukkingen van ontevredenheid maken de voorstelling van de aangename harmonie op Paheri's landgoederen iets meer waarheidsgetrouw (*Afb. 5*).

Het oogsten van vlas viel niet noodzakelijk samen met het oogsten van gerst. Het kon uitgetrokken worden wanneer het gewas jong was of oud. Het tijdstip werd bepaald door het doel waarvoor de vezelachtige stengels gebruikt moesten worden. Des te ouder de plant, des te ruwer later de draad. Aan de andere kant, des te ouder de plant, des te rijper de zaadbollen; en uit de zaden kon olie, lijnolie, worden gewonnen. De documentatie levert geen bewijs voor het gebruik van lijnolie in het tijdvak voor de Grieks-Romeinse tijd, maar het is onwaarschijnlijk dat de Egyptenaren uit vroeger tijd een zo voor de hand liggende bron van olie die in ieder geval voor lampen gebruikt kon worden, over het hoofd gezien zullen hebben. Bovendien suggereert het gebruik van een speciaal werktuig en een apart procédé om het zaad te verwijderen, dat dit 'bij-product' ergens voor gebruikt werd en niet zomaar werd weggegooid. Het voornaamste product van vlas echter was linnen, één van de basisartikelen die in het heersende ruilsysteem hoog op de ranglijst van waardeproducten stonden. In één van de brieven aan zijn gezin zegt de kleine boer Hekanachte, die we al ontmoet hebben[21]: 'Neem Nachte, de zoon van Heti, om met Sinebnoet af te zakken naar Perhaä om (voor ons) tegen huur 2 bunders land te bewerken; en zij moeten als zijn huur wat nemen van de stof die geweven is daar waar jullie zijn'.

De procédés waarmee van vlasstengels lint gemaakt werd waren lang en gecompliceerd, en worden niet afgebeeld als een vervolg op de vlasoogst. De gersteoogst daarentegen werd direct gevolgd door het dorsen, wannen, afmeten en opslaan van het graan. Het bovenste register van de westmuur in Paheri's graf leidt ons langs deze fasen. Hoewel Paheri's eeuwige oogst goed verloopt (wat nodig is voor zijn eeuwig welzijn), zijn er toch problemen. Dat iedereen hard werkt behoeft echter niemand te betwijfelen. Het register toont eerst twee arbeiders die de afgesneden gerst van het land brengen. Ze wordt in een mand gedragen die met een draagstang op hun schouders rust, en die, afgaande op het lege exemplaar dat door de volgende twee naar het land wordt teruggebracht, gemaakt is van een net op een houten of rieten frame. Maar de tijd is kort: de oogst is dicht bij het stijgen van de rivier gekomen. De opzichter licht zijn zweep op en roept: 'Schiet op, gebruik je benen, het water komt eraan en bereikt de bundels (gerst). De arbeiders antwoorden: 'De zon is heet! Moge de zon de waarde van de gerst in vis teruggeven!' Hiermee schijnen zij te bedoelen dat wat door de zon verloren zou gaan doordat de gerst door de overstroming wordt overmeesterd, in de vorm van vis door de overstroming vergoed kan worden - een uitbreiding van het ruilsysteem in de wereld der natuur. Wat zij hiermee willen zeggen is ook, dat het te warm is om haast te maken en dat de vis kan compenseren wat zij van de gersteplant niet kunnen verzamelen, een oud voorbeeld van 'de verliezen door winst compenseren'. De volgende twee arbeiders keren naar het land terug, de één draagt de lege mand en de andere de draagstang. De laatste zegt: 'Ligt de draagstang niet de gehele dag op mijn schouders? Wat is mijn hart sterk!' Hij daagt de opzichter uit met een verklaring van zijn onophoudelijk werken en vastberadenheid. We kunnen ons voorstellen wat het antwoord van de opzichter geweest kan zijn (*Afb. 6*).

De manden met de afgesneden gerst worden van het land naar de dorsvloer gebracht, een cirkelvormige ruimte aangestampte aarde waar het gewas op

---

21. T.G.H. James, *The Hekanachte Papers*, New York 1962, tekst I, 3-4.

Afbeelding 7. Opmeten en opslag van het graan.

Afbeelding 8. Paheri houdt toezicht bij het laden van boten met graan.

wordt uitgestrooid om door het span ossen vertreden te worden. Het span wordt hier afgebeeld onder de controle van een jongen die ze voortjaagt met een twee-riemige zweep, en tot hun bemoediging zingt: 'Slaat (nl. dorst) voor jullie zelf, slaat voor jullie zelf, ossen, slaat voor jullie zelf, slaat voor jullie zelf! Kaf om (zelf) op te eten, en gerst voor jullie meesters. Laat jullie hart niet moe worden, het is koel'. De stimulans was hier, zoals in alle goede werkliederen of -liedjes, het ritme van het lied, die in het Egyptisch duidelijk blijkt ook al ontgaat ons de juiste klank. Ondertussen houdt een andere arbeider toezicht over het dorsen, harkt de aren met gerst onder de poten van de ossen en ruimt de vertreden aren op wanneer het graan er aan is onttrokken. Het afval wordt rond de dorsvloer opgehoopt. Het wannen van het vertreden graan is het volgende in de reeks. Vier mannen, de hoofden met doek omwonden om het kaf uit hun haar te houden, gooien het graan en het kaf op in de lucht met een voor dat doel gemaakte schep, in iedere hand een. In het corresponderende tafereel in het graf van Menna, dat wel is beschilderd maar niet gegraveerd, wordt het vallende kaf gescheiden van het vallende graan afgebeeld; op hetzelfde tafereel zijn er andere arbeiders die het graan verder zuiveren door het overgebleven kaf weg te laten waaien.

Tenslotte wordt het graan afgemeten en opgeslagen. Twee mannen verzamelen het graan in meetvaten. Zij worden zo dicht op elkaar afgebeeld dat hun figuren bijna samenvallen. De meetvaten zijn waarschijnlijk van hout gemaakt en met leer overdekt. Men ging er van uit dat ze een bepaalde vaste capaciteit hadden, een veelvoud van de *hekat*-maat (ca. 4,5 l.). Een onnauwkeurig meetvat kon op verschillende manieren ten voordele van de eigenaar gebruikt worden; een te grote maat kon gebruikt worden wanneer de oogst gecontroleerd werd met het oog op de belasting, of wanneer er een vordering geïncasseerd of een betaling ontvangen moest worden; een maat die kleiner was dan de juiste afmeting daarentegen kon nuttig zijn voor de betaling van belastingen of van een of andere schuld. Het zal voor iemand altijd voordelig geweest zijn om zijn eigen maat te gebruiken, omdat hij zijn werkelijke capaciteit wist. Wanneer de boer Hekanachte de inning van bepaalde huursommen bespreekt, die in graan betaald moesten worden, zegt hij: 'Ziet dan! Ik heb ze de korenmaat waarmee het afgemeten moet worden laten brengen; deze is bekleed met een zwarte huid'. In een ander document uit de papieren van dezelfde man worden verschillende hoeveelheden graan opgesomd die voor bepaalde personen bestemd zijn en aangeduid worden met 'wat afgemeten moet worden met de grote maat die in Nebeseyet is'. Gebruik uw eigen maat, geef de maat die in transacties gebruikt moet worden nauw-keurig op, dan weet u waar u aan toe bent. Gebruik de maat van een ander en u zult waarschijnlijk verlies lijden. De vaten op het tafereel in Paheri's graf zijn niet gemerkt, maar omdat het tafereel tijdloos is en voor het leven na de dood is bestemd, mag worden aangenomen dat er geen listen gebruikt worden. In ieder geval is het graan van Paheri's eigen landgoed afkomstig, en als de plaatselijke bestuurder zal hij het niet nodig gehad hebben om zelf bedriegerij te plegen. Een ambtenaar gehurkt op een berg graan wordt omschreven als 'de ambtenaar voor het graantellen, Djehoetnoefe'. Hij registreert het afgemeten graan op zijn palet, terwijl iemand anders, misschien een soort opzichter, naar het schijnt een minder formele optelling van de gevulde maten op een wanschep bijhoudt. Het was zeker een moeilijke zaak om een nauwkeurige controle uit te voeren van wat er is gemeten; de twee mannen, die het bedrag noteren, representeerden waarschijnlijk de afzonderlijke partijen in deze operatie: die van de bureaucratie en die van het huis zelf. Twee paar arbeiders dragen het afgemeten graan in zakken, die op hun schouders zijn gehesen. Zij lopen naar een ruimte, omsloten door een muur met kantelen, met daarin vier graanbergen en een boom in blad. Binnen de omsloten ruimte leegt iemand zijn zak terwijl een ander met twee lege zakken door de deur naar buiten gaat. Een van de bergen schijnt te bestaan uit een ander product dan graan; het kan vlaszaad zijn, hoewel de afgebeelde samenstelling daarvoor te grof schijnt (*Afb. 7*).

Het in de openlucht opslaan van graan en andere landbouwproducten betekende weinig risico in een land waar regen in de oogsttijd zelden voorkwam. In het algemeen waren de producten die op deze manier werden opgeslagen niet voor plaatselijk gebruik bestemd, maar voor verscheping naar elders, bijvoorbeeld voor de voldoening van belastingen. U zult zich herinneren van de eerdere bespreking van deze taferelen dat Paheri was afgebeeld, en nadat hij klaarblijkelijk door de landerijen gewandeld is in de tijd van het ploegen, het laden van de schepen in ogenschouw stond te nemen. De tekst hierbij zegt uitdrukkelijk: 'De burgemeester Paheri, gerechtvaardigd, is bezig met het laden van de schuiten in het grasland. Hij zegt tot de landarbeiders: 'Schiet op, het land is schoongemaakt (?), en de overstroming is erg groot'. In het deelregister onder zijn voeten aanvaarden drie schepen de reis. Iemand houdt een peilstok bij de boeg, terwijl bij een schip twee leden van de bemanning over de reling leunen. Een van hen laat een kruik zakken om water op te halen uit de rivier. Vier andere schepen zijn *en echelon* afgemeerd om geladen te worden, en vier mannen dragen zakken met graan een loopplank op om ze in het scheepsruim te legen. Elf regels hiërogliefen boven dit subtafereel beschrijven (*Afb. 8*):

'Het laden van schuiten met gerst en emmer. Ze zeggen: 'Moeten we de gehele dag doorbrengen met het dragen van gerst en wit emmer?

geschikt voor 400 ezelsladingen. En op het midden van de dag, wanneer de gerst warm is, zette ik alle mensen die met de sikkel aan het snijden waren aan het arenlezen, met uitzondering van de ambtenaren en wevers die hun dagelijkse portie (graan) hebben genomen van wat gisteren is opgelezen'.

Als hij vermeld heeft wat hij de mensen geeft die aan de oogst werken, eindigt hij in zelfrechtvaardiging:

'Er is niemand onder hen die mij bij mijn heer zal aanklagen over voedselhoeveelheden of zalf. Ik controleer ze met uitnemende oplettendheid. Zie! Dit bericht moet mijn heer bekend gemaakt worden'.

Het is een ontmoedigend document. Hoe gemakkelijk ook kunnen we datgene dat deze ijverige ambtenaar rapporteert in verbinding brengen met wat we op Paheri's land hebben opgemerkt. De details behoeven niet te worden uitgewerkt; er is hier echter maar een kleine kans op plattelandsgeluk.

BEKNOPTE BIBLIOGRAFIE EGYPTE

1. *Naslagwerken.*

J. Baines en L. Malek, *Atlas van het Oude Egypte*, Amsterdam-Brussel 1981.
Hans Bonnet, *Reallexikon der ägyptischen Religionsgeschichte*, Berlin 1952.
W. Helck, E. Otto, en W. Westendorf, *Lexikon der Ägyptologie*, I-VI, Wiesbaden 1975-1986.
W. Helck en E. Otto, *Kleines Wörterbuch der Ägyptologie*, Wiesbaden 1987[3.]

2. *Algemene werken over verschillende aspecten van de oud-Egyptische cultuur en geografie.*

T.G.H. James, *An Introduction to Ancient Egypt*, London 1979 (herdruk 1986).
T.G.H. James, *Pharaoh's people. Scenes from Life in Imperial Egypt*, Oxford/Melbourne 1985.
Hermann Kees, *Das alte Ägypten. Eine Kleine Landeskunde*, Berlin 1977[3].
Hermann Kees, *Ancient Egypt. A Cultural Topography*, ed. T.G.M. James, Chicago/London 1977 (Phoenix book 753; vertaling van de Duitse uitgave).

3. *Irrigatie en landbouw in het Oude Egypte.*

K.W. Butzer, *Early Hydraulic Civilization in Egypt. A Study in Cultural Ecology*, Chicago/London 1976 (met uivoerige literatuuropgave).
W. Schenkel, *Die Bewässerungsrevolution im alten Ägypten*, Mainz/Rhein 1978.

4. *Algemene werken over de oud-Egyptische godsdienst.*

Siegfred Morenz, *Ägyptische Religion*, Stuttgart 1960 (=*Die Religionen der Menschheit*, Band 8).
Hellmut Brunner, *Altägyptische Religion*. *Grundzüge*, Darmstadt 1989[2].
J. Vergote, *De Godsdienst van het Oude Egypte*, Leuven 1987 (=*Inforiënt-reeks*, Nr. 8).

5. *Over schrift en taal in het Oude Egypte.*

J.F. Borghouts, *Egyptisch. Een inleiding in taal en schrift van het Middenrijk*, I-II, Leiden/Leuven 1993.
W.V. Davies, *Egyptische hiërogliefen*, Houten 1989 (Fibula schriftreeks).
Karl-Th. Zauzich, *Hiërogliefen lezen. Een handleiding voor museumbezoekers en Egypte-reizigers*, Amsterdam 1986[3].

6. *Teksten in vertaling.*

J. Assmann, *Ägyptische Hymnen und Gebete*, Zürich-München 1975. P. Barguet, *Le Livre des Morts des anciens Égyptiens*, Paris 1967.
P. Barguet, *Les textes des Sarcophages égyptiens du Moyen Empire*, Paris 1986.
A. Barucq - F. Daumas, *Hymnes et prières de l'Égypte ancienne*, Paris 1980.
J.F. Borghouts, *Egyptische sagen en verhalen*, Bussum 1974.
R.O. Faulkner, *The Ancient Egyptian Pyramid Texts*, Oxford 1969.
R.O. Faulkner, *The Ancient Egyptian Coffin Texts*, I-III, Warminster 1973-1978.
R.O. Faulkner, *Book of the Dead*, London 1985 (herziene uitgave van 1972).
E. Hornung, *Ägyptische Unterweltsbücher*, Zürich-München 1972.
E. Hornung, *Das Totenbuch der Ägypter*, Zürich-München 1979.
M. Lichtheim, *Ancient Egyptian Literature*, I-III, Berkeley-Los Angeles-London 1975-1980.
J.B. Pritchard, *Ancient Near Eastern Texts relating to the Old Testament*, Princeton-New Jersey, derde druk 1974.

Reisgids.
W.M. van Haarlem, *Egypte*, Utrecht/Antwerpen 1991 (Kosmos kunst-reisgidsen).

HET VRAAGSTUK VAN DE IRRIGATIE
IN HET FARAONISCHE EGYPTE[1]

Erika Endesfelder

Sommige beschrijvingen van de geschiedenis en cultuur van het faraonische Egypte gaan er van uit, dat de noodzaak van een regulatie van de Nijloverstroming uiteindelijk tot het ontstaan van de egyptische staat geleid heeft, en dat de zorg voor de irrigatie één van de hoofdbelangen van de egyptische farao was. Met andere woorden: het centrale bestuur van het irrigatiewezen en de zeggenschap over irrigatie-installaties en daarmee over het irrigatiewater vormden een reële machtsfactor voor de faraonische staat en de klasse waar deze op rustte: ambtenaren, personeel en waardigheids-bekleders. Als onderbouwing van deze uitspraak dient de omstandigheid, dat voor de aanleg van kanalen en dijken, die vooral voor de methode van de bassin-irrigatie vereist zijn, grote menigten arbeiders gemobiliseerd moesten worden, en het primaire organisatorische gezag hierover uiteindelijk tot de ontwikkeling van de staat geleid heeft.

Dit is een op en in zichzelf geheel logische verklaring voor het ontstaan van de egyptische staat. Hiertegenover staat echter al bij een oppervlakkig onderzoek van de feiten het gegeven, dat in afbeeldingen en teksten opvallend weinig aanwijzingen voor een dergelijke dominante positie van irrigatie-inrichtingen en de daarvoor vereiste organisatie te bespeuren zijn. Aan archeologische vondsten behoeft toch al niet gedacht te worden, omdat deze bouwwerken zoals ook nog in de moderne tijd waarschijnlijk voornamelijk uit aarde bestaan zullen hebben, met af en toe gebruikmaking van steen en fascines (bundels rijshout), en thans zeer moeilijk van de omgevende cultuurbodem zijn te onderscheiden. Het zou ook zeer intensieve oppervlakte-opgravingen vereisen om ze terug te vinden.

De grote betekenis die de landbouw bezat, als voornaamste vorm van productie en als de eigenlijke basis voor ontstaan en bestaan van de oud-egyptische cultuur in de meest brede betekenis, was zonder water ondenkbaar. Met dit gegeven als uitgangspunt zal in het volgende getracht worden te ontdekken welke irrigatiemethoden de egyptenaren op welk tijdstip gebruikten, en hoe groot de betekenis van deze methoden was voor de ontwikkeling en het bestaan van de faraonische staat. Van bijzonder belang daarbij is het tijdstip van de invoering van de bassin-irrigatie, de methode van landirrigatie die het beste aan de verhoudingen in het egyptische Nijldal beantwoordde.

---

1. Vertaling en bewerking van: Erika Endesfelder, 'Zur Frage der Bewässerung im pharaonischen Ägypten', *Zeitschrift für ägyptische Sprache und Altertumskunde* 106 (1979), blz. 37-51. De vertaling is van de hand van drs. J. van Meggelen.

Afgezien van her en der gepubliceerd materiaal, waarnaar ik ter bestemder plaats in het artikel zelf verwijs, hebben de laatste tijd vooral W. Schenkel[2], B. Bell[3] (ook in een bijdrage van meer theoretische aard, die echter op vroege verhoudingen, zoals die in het oude Egypte, niet ingaat), en R. en E. Hunt[4] zich met het irrigatievraagstuk beziggehouden. Toch moet helaas worden vastgesteld dat het materiaal dat uit egyptische bronnen zelf over het irrigatievraagstuk ter beschikking staat uiterst schaars is.

De natuurlijke omstandigheden van het land, het doel van de irrigatie en de daaruit voortvloeiende methoden.

De eigenlijke rivierbedding, waarin de Nijl zich na het afnemen van het hoogwater terugtrok, was door hoge, op natuurlijke wijze ontstane oevers ingesloten, die geleidelijk naar de hellingen van de Arabische of Libische woestijn schuin afliepen, zodat de diepste plaatsen zich direct voor de opklimmende woestijn bevonden. Hier, tussen de hoge oevers en de woestijnhellingen lag het grootste gedeelte van het bebouwbare land. De vlakten kwamen, na het periodieke dalen van het water in de eigenlijke bedding, als oeverstroken en eilanden tevoorschijn en konden betrekkelijk gemakkelijk direct uit de rivier van water voorzien worden. Het hoogland daarentegen was - afgezien van het inzetten van pompen met een groot vermogen in de moderne tijd - alleen met behulp van de Nijloverstroming van water te voorzien. Deze werd gevoed door de regenval in het oostafrikaanse merengebied en in het Abessijnse bergland, en liet één maal per jaar de waterspiegel van de Nijl verschillende meters stijgen, zodat de watermassa's over de oevers heenkwamen en over de vlakten tussen oever en woestijn konden stromen. In jaren met een geringere regenval en daarmee een kleinere Nijloverstroming kon het echter gebeuren, dat de overstroming niet de vereiste hoogte bereikte om overal buiten de oevers te treden. Dan trad het water alleen op sommige plaatsen buiten de oever, overstroomde slechts een gedeelte van het hoogland en zette als gevolg van de lagere

2. W. Schenkel, Die Einführung der künstlichen Felderbewässerung im Alten Ägypten, *GM* 11 (1974), 41-46; id. s.v. Be- und Entwässerung, *LÄ* I 775-782. Bij het schrijven van het onderhavige artikel kon ik nog niet beschikken over het boek van Schenkel *Die Bewässerungsrevolution im Alten Ägypten*, Mainz/Rhein 1978. Schenkel komt daarin evenwel in grote lijnen tot dezelfde conclusies.
3. B. Bell, The Dark Ages in Ancient History: The First Dark Age in Egypt, *AJA* 75 (1971), 1-26: id., Climate and the History of Egypt: The Middle Kingdom, *AJA* (1975) 79, 223-269.
4. R. en E. Hunt, *Current Anthropology* 17 (1976), 384-398.

waterstand geringere hoeveelheden vers bezinksel af. Daardoor werd de agrarische productiviteit dienovereenkomstig beperkt. Ook kon er een kritieke situatie voor de landbouw intreden, wanneer bij een weliswaar voldoende Nijlstand het weglopen van het water uitstel leed, zodat men de gunstigste zaai- en dus ook oogsttermijn voorbij moest laten gaan, of wanneer door hindernissen op het terrein het wegstromen plaatselijk onvoldoende was, zodat er op het hoogland moerassige plaatsen achterbleven, die alleen zeer laat of helemaal niet voor de landbouw gebruikt konden worden.

Naast de eigenlijke watertoevoer, dat wil zeggen de doordrenking van de bodem, en de afzetting van bezinksels, had de Nijloverstroming nog een derde taak te vervullen: het op het land staande water ontziltte de bodem. Dit proces was voor de egyptische landbouw van grote betekenis, omdat - door zijn geologisch ontstaan veroorzaakt - zich in het Nijldal overal zoutafzettingen van vroegere doorbraken van de zee bevinden, die het daarop afgezette Nijlslib allengs zouden verzilten, wanneer het land door de Nijloverstroming niet regelmatig 'gewassen' werd. Het probleem van de bodemverzilting is in verband met de moderne stuwdam in de Nijl thans opnieuw actueel.

Met deze factoren moesten de oudste neolithische boeren in het Egyptische Nijldal zich al bezighouden. Het jaarlijkse ritme van 3 maanden overstroming en 9 maanden allengs toenemende droogte was bepalend voor de egyptische landbouw, ook toen vooral de regenval in het einde van het neolithische subpluviaal nog voor aanvullende vochtigheid zorgde[5]. Door deze neerslag werd de productiviteit van vooral de landbouw van Boven-Egypte zeker verhoogd, maar, alles bij elkaar genomen, speelde deze in vergelijking met de betekenis van het hoogwater slechts een secundaire rol, en was ze evenmin als tijdstip, hoogte en duur van de overstroming niet door menselijk ingrijpen te beïnvloeden.

In de faraonische tijd behoorde het, zoals Helck aangetoond heeft[6], tot het 'imago' van een goed Farao om op grond van zijn populariteit bij de goden, door hen op z'n minst bij zijn regeringsjubileum met een hoge Nijl bedacht te worden. De samenhang tussen hoge Nijloverstromingen en agrarische productiviteit was al zeer vroeg bekend. De gegevens van de Nijlhoogtes uit de 1e dynastie (*ca.* 2950-2770 v. Chr.) op de *Palermosteen* laten dat zien, en sinds de *Pyramideteksten* wordt de Nijl in vele variaties als de

---

5. K.W. Butzer, *Studien zum vor- und frühgeschichtlichen Landwirtschaftswandel der Sahara* (Abh. d. AdW u.L, Mathemat. nat. wiss. Klasse 1958, Nr. 1) 6.

6. W. Helck, Nilhöhe und Jubiläumsfest, *ZÄS* 93 (1966), 74-79.

schenker van de vochtigheid geprezen. Kennelijk werden de lage Nijlstanden, die verschrikkelijke hongersnoden tot gevolg hadden, verreweg meer gevreesd dan de extreem hoge, zelfs wanneer laatstgenoemde ongetwijfeld ten dele belangrijke verwoestingen aangericht hebben. In teksten worden grote Nijloverstromingen, die het land tot aan de hellingen van de woestijn onder water zetten, als iets zeer heuglijks geschilderd. Reeds de *Pyramidteksten* zeggen ervan[7]:

'Zij beven, die de Nijl zien, hoe hij golft,
de bewaterde velden lachen.
De oevers zijn overstroomd,
de spijzen der goden dalen neer.
Het gezicht der mensen is opgewekt,
het hart der goden is vrolijk'.

Omdat het verloop en de omvang van de Nijloverstroming niet te beïnvloeden waren, konden irrigatiemethoden met als doel de verhoging van de agrarische productiviteit alleen gericht zijn op een effectief gebruik van het overstromingswater. Concreet kwamen daarvoor drie complexen van maatregelen in aanmerking:

- Maatregelen gericht op de toevoer van zoveel mogelijk vers en van bezinksel voorzien water naar het hoogland, om daar mee een zo groot mogelijk gedeelte van het land onder water te zetten.
- Maatregelen met het doel een zo snel en grondig mogelijk terugstromen van het bedorven water naar de Nijl.
- Maatregelen voor het verzamelen van het water op het hoogland met een voldoende hoogte en over een periode van voldoende lengte, om zowel het proces van toereikende doordrenking als dat van bemesting door zich afzettend bezinksel en gelijktijdig dat van de ontzouting van de bodem te garanderen.

In principe was het enige vehikel dat in grote omvang water op het land kon brengen de Nijloverstroming zelf.

Als resultaat van duizenden jaren omgang met de Nijloverstroming hadden de Egyptenaren met bassin-irrigatie een systeem ontwikkeld, dat zowel aan de specifieke eisen van de bodem ten aanzien van irrigatie, ontzilting en bemesting, alsook aan de menselijke behoeften aan bescherming tegen hoogwater optimaal beantwoordde. Daartoe werd het Nijldal tussen de oevers en de woestijnhellingen door vaste hoge en brede dwarsdammen -ongetwijfeld met

---

7. *Pyr.* 58 § 1553b-1554b, vlg. K. Sethe, *Pyramidentexte II*, Leipzig 1910, 332, en K. Sethe, *Übersetzung und Kommentar zu den altägyptischen Pyramidentexten V*, Hamburg 1962, 502.

gebruikmaking van natuurlijke hoogten in het terrein - in grote bassins verdeeld. Hierbij werd de bovendien kunstmatig tot een dijk verhoogde oever in normale gevallen maar tweemaal door het overstromingswater gepasseerd: eenmaal via het toevoerkanaal, dat aan de meest stroomopwaartsliggende plaats van het bassin in de hoge oever was gegraven, en ten tweede via het afvoerkanaal, dat zich met gebruikmaking van de natuurlijke, stroomafwaarts lopende, helling van het Nijldal op het noordelijkste punt van de oeverdijk bevond, maar in elk geval dieper moest liggen dan het toevoerkanaal. Toe- en afvoerkanaal bleven eerst met stenen en aarde afgesloten. Nadat het overstromingswater een bepaalde hoogte bereikt had, werd het toevoerkanaal geopend; het bassin liep dan tot op een bepaalde hoogte vol. Wanneer het water lang genoeg op het land had gestaan, werd het afvoerkanaal geopend en het inmiddels bedorven en zouthoudende water naar de Nijl teruggeleid. Met een serie modificaties, zoals het verbinden van aparte bassins tot gehele bassinsystemen, en het maken van extra toe- en afvoerkanalen, heeft de bassin-irrigatie, of wat daarvan overbleef, zich tot in de moderne tijd gehandhaafd, en is pas door de bouw van de nieuwe Assoean-stuwdam definitief buiten gebruik gesteld.

Putten en waterpoelen die op het hoogland lagen waren van de grondwaterstand afhankelijk. Ze mochten vanwege de uit vroeger tijd stammende afzettingen, die het water bitter en zouthoudend maakten, niet te diep gegraven worden, zodat ze in de tijd van de laagste Nijlwaterstand mogelijk nu en dan konden uitdrogen[8]. Ze werden voornamelijk gebruikt voor de irrigatie van plantsoenen, die vanwege hun bestand aan meerjarige, voor stilstaand water gevoelige bomen en struiken, op vlakten werden aangelegd die een normaal hoogwater niet bereikte.

Afbeelding 1. Sjadoef. Uit: N. de G. Davies, Two Ramesside Tombs at Thebes, New York 1927 (T.28).

---

8. W. Willcocks, *Egyptian Irrigation*, London 1899, 14, geeft als vereiste bronnendiepte voor Boven-Egypte 3-5 meter aan; M. Eyth, *Das Wasser im Alten und Neuen Ägypten*, Berlin 1891, 18, spreekt daarentegen van 10 m. voor Boven-Egypte. Deze divergentie hangt waarschijnlijk samen met de toevallige plaatselijke bodemgesteldheid.

Volgens afbeeldingen sleepte men in het Oude- en Middenrijk het voor het irrigeren van tuinen benodigde water in kruiken aan. Om het uitgegoten water werkelijk goed te besteden, werd het terrein door heel kleine dammen in de lengte- en breedterichting in kwadraten verdeeld, die voor elke plant de haar toegemeten waterhoeveelheid zeker stelden. Uit deze verdeling van het kunstmatige plantsoen moet het gouw-teken *sepat* ontstaan zijn, en niet uit een weergave van een tot een bepaalde gouw behorend akkerland; want zelfs de verst ontwikkelde vorm van bassin-irrigatie vereiste niet een groot aantal van elkaar kruisende dijken of kanalen. In principe waren een toe- en een afvoerkanaal volledig toereikend. Ook wat betreft de dijken had men aan de beide dwarsdammen en de oeverdam genoeg. Uit de moderne tijd is bekend, dat een bassin nog eens in de lengte in een beneden- en bovenbekken verdeeld kon worden. Ook is het mogelijk dat bepaalde - binnen het bassin gelegen - aanplanting door een dijk daaromheen beschermd werd. Maar ook wanneer men het *sepat*-teken als een zeer schematische weergave opvat, kan het alleen maar om de weergave van een kunstmatig bevloeid plantsoen of plantage gaan, nooit om normale landerijen in het hoogland.

Sinds het Nieuwe Rijk (*ca.* 1552-1070 v. Chr.) - om precies te zijn sinds de Amarnatijd (*ca.* 1359-1347 v. Chr.) - zijn uit afbeeldingen eenvoudige wateropvoerwerktuigen, de zogenaamde *sjadoefs* bekend (*afb. 1*)[9]. Weliswaar gaat het hierbij uitsluitend om de irrigatie van plantsoenen; er bestaat geen aanwijzing dat in deze tijd *sjadoefs* ook voor de landbouw werden gebruikt. De afgebeelde *sjadoefs* hebben betrekkelijk korte hefboomarmen. Volgens berekeningen die met moderne *sjadoefs* zijn uitgevoerd[10] is het mogelijk om met behulp van een door drie mensen bediende *sjadoef* dagelijks ongeveer 1/2 feddan (0.225 ha) te irrigeren. Met een dienovereenkomstige inzet van werktuigen en mensen was het ook theoretisch beslist mogelijk bepaalde delen van hogergelegen land kunstmatig te irrigeren. Onder de voorwaarde dat er een overvloedige waterbron ter beschikking stond, kon ook na het binnenhalen van de eerste oogst beslist op een klein gedeelte van het land een tweede oogst behaald worden, wanneer de bodem voldoende doordrenkt was en er snelgroeiende gewassen verbouwd werden. De irrigatie met behulp van de *sjadoef* betekende echter in vergelijking met

---

9. Afbeeldingen bij L. Klebs, *Die Reliefs und Malereien des Neuen Reiches*, Heidelberg 1934, 34-35. De *sjadoef* bestond uit een hefboom, met aan de ene kant een emmer en aan de andere kant een tegengewicht, met behulp waarvan het water omhooggebracht kon worden.

10. M. Eyth, *Das Agrikultur-Maschinenwesen in Ägypten*, Stuttgart 1967, 10.

Afbeelding 2. Sakiye. Uit: Alfred Hermann, Die Welt der Fellachen, Hamburg 1969,11.

de door het Nijlhoogwater gevoede bassin-irrigatie altijd slechts een bijkomende methode van bodemverzorging. Zij was in effectiviteit verreweg de mindere van laatstgenoemde, en kan daarom in de landbouw, vooral voor de graanteelt, nauwelijks een rol hebben gespeeld.

Een belangrijke verhoging van de productiviteit, vooral voor de bruikbaarheid van de hogergelegen akkers, die daardoor van de toevallige hoogte van de Nijloverstromig onafhankelijk werden, bracht de invoering van de *sakiye (afb. 2)*[11]. Haar gebruik is evenwel pas in de romeinse tijd aangetoond. De vroegste vermelding stamt uit de 5e eeuw v. Chr.[12]. Met behulp hiervan was het mogelijk om met goede putten ongeveer 8-10 ha permanent te irrigeren[13]. Niet alleen konden zo hogergelegen terreinen, die slechts zelden werden overstroomd, voor de landbouw worden gebruikt, haar inzet maakte ook op de wèl door de Nijloverstroming bereikte akkers - onder

---

11 De *sakiye* bestaat uit een horizontaal- en een verticaal-draaiend houten rad, waaraan een serie kruiken is bevestigd, die het water uit de diepte ophoog brengen en in een watergeleider uitgieten. De aandrijving geschiedt door dieren.

12. M. Schnebel, *Die Landwirdtschaft im hellenistischen Ägypten*, München 1925, 83.

13. M. Eyth, *Das Wasser im Alten und Neuen Ägypten*, Berlin 1891, 18.

bepaalde voorwaarden - een dubbele oogst mogelijk, evenals het verbouwen van nieuwe plantensoorten, die sterker op een permanente wateraanvoer waren aangewezen. Vooral aan de invoering van de *sakiye*, waarvan het gebruik in de landbouw in tegenstelling tot dat van de *sjadoef* goed is gedocumenteerd, moet de nieuwe aanleg van een groot aantal kleinere kanalen en dijken verbonden geweest zijn, om het water op de daartoe bepaalde stukken land te geleiden en het weglopen te verhinderen.

Ook het gebruik van de *sakiye* betekent echter slechts een aanvulling op de methode van de bassin-irrigatie en kon deze uit haar voorkeurspositie niet verdringen. Veruit het grootste deel van de bodem werd ook na de invoering van de *sakiye* door de bassin-irrigatie verzorgd. De reden voor het taaie vasthouden aan deze methode is ongetwijfeld hierin te zoeken, dat ze op een ideale manier met de specifieke natuurlijke voorwaarden van het land overeenkwam en tot in de moderne tijd de enige technisch te realiseren en de meest effectieve methode was voor het georganiseerd exploiteren van tenminste een gedeelte van het overstromingswater.

Het tijdstip van invoering van georganiseerde irrigatie-methoden.

Tot in het Oude Rijk was de egyptische landbouw niet uitsluitend aangewezen op het hoogwater van de Nijl, omdat ongetwijfeld zowel de jaarlijkse overstromingen in het begin van de dynastieke periode nog hoger uitvielen dan aan het einde van het Oude Rijk, alsook de aanvullende regenval van het late subpluviaal (ca. 5000-2350 v. Chr.), de agrarische opbrengst van normaal geïrrigeerde alsmede van minder goed geïrrigeerde vlakten stellig deden toenemen. Rekening houdend met de klimaatverhoudingen, bestaat er dan ook geen noodzaak om aan te nemen, dat de egyptische landbouw al in de pre- en vroegdynastieke periode aangewezen was op de permanente gebruikmaking van een irrigatie-systeem. Krzyzaniak daarentegen veronderstelt[14] dat de bassin-irrigatie al in de Negade II (4000-3500 v. Chr.) is ingevoerd. Hij gaat daarbij uit van de veronderstelling dat in deze periode alle landreserves van het laagland, dat aan de binnenste rand van de rivierbedding en als eilanden beschikbaar was, geheel waren uitgeput en dat de grote vlakten tussen oever en woestijnhellingen alleen met behulp van gecontroleerde irrigatie, dus door de invoering van een kunstmatig irrigatie-systeem, benut konden worden. Het is echter hoogst onwaarschijnlijk dat de oevers in de Negade II een zodanige hoogte bezaten, dat de normale Nijloverstroming

---

14. L. Krzyzaniak, *Early Farming Cultures on the Lower Nile. The Predynastic Period in Egypt*, Warschau 1977.

ze niet kon overstijgen. Ook het feit dat begraafplaatsen en nederzettings-
resten uit predynastieke periode op verhoogde vlakten bij de woestijnhellingen zijn gevonden, toont aan dat ze opzettelijk buiten de reikwijdte van de
overstroming zijn aangelegd. Hoewel de situatie uit de predynastieke
periode wat details aangaat nog erg ondoorzichtig is, schijnt het toch tamelijk onwaarschijnlijk dat een overbevolking het intensief gebruik van de
bodem en daarmee het algemeen inzetten van irrigatie-installaties vereist zal
hebben.

Een objectieve noodzaak voor een systematisch gebruik van het overstromingswater begint zich evenwel af te tekenen na het begin van het Oude
Rijk; want toen het bij de rijksvereniging ontstane centrale gezag ertoe
overgegaan was om agrarische meerproductie af te romen, zowel in de vorm
van regelmatig te betalen belastingen alsook door het mobiliseren van mensen voor centrale projecten, en toen een locale, eerst door het centrale gezag
ingestelde maar later verzelfstandigde, ambtenarenklasse bestond en verzorgd moest worden, kwam er een dringende noodzaak om de agrarische
productie te verhogen.

In de eerste plaats werd de verhoging van de landbouwopbrengst over-
wegend nagestreefd door het gebruiken van tot dan toe onbebouwde vlakten
en een strakke organisatie van de belastinginning: de zogenaamde 'binnen-
landse kolonisatie' van de 3e en 4e dynastie (*ca*. 2640-2465 v. Chr.). Aanknopingspunten voor de invoering of het bestaan van een omvangrijk irrigatie-systeem zijn er in deze tijd nog niet. In de *Pyramideteksten* komen echter
al aanduidingen voor kanalen voor. Hieronder zijn vooral *mer-* en minder
frequent *hene.t*-kanalen. Omdat zij vollopen (bijv. *Pyr*. 236) en geopend
kunnen worden (bijv. *Pyr*. 56), gaat het om door mensen kunstmatig aangelegde watergangen, die zich in het hoogland bevonden en door overstromingswater gevoed werden. Hoewel de duidelijke uitspraken uit de documentatie aantonen dat ze in eerste instantie als transportwegen werden
gebruikt, waarover men met een schip kon varen en lasten kon transporte-
ren, is het waarschijnlijk dat met behulp hiervan ook overstromingswater op
vlakten die door obstakels in het terrein niet of hoogstens slecht waren te
irrigeren, aangevoerd of van daar afgevoerd kon worden. De waardigheids-
bekleder Oeni uit de 6e dynastie (*ca*. 2325-2155 v. Chr.) bericht van een
opdracht van de Farao om in Boven-Egypte 5 *mer*-kanalen aan te leggen[15].
Het is mogelijk dat deze kanalen in samenhang staan met de aansluitend
vermelde bouw van in totaal 7 schepen van Nubisch acacia-hout voor het

---

15. *Urk*. I, 108-109.

transport van graniet voor de pyramide van Meren-Re, en dat zij dus als transportwegen werden beschouwd. De twee kanalen die de 'Opzichter van alle Werken des Konings' met de naam Necheboe in opdracht van zijn Farao liet graven lijken, in elk geval wel voor transportdoeleinden gediend te hebben[16].

Het beschermingsdecreet van Pepi I voor de pyramidestad van Snofroe laat echter zien dat in de 6e dynastie *mer*-kanalen ook tot het repertoire van irrigatie-inrichtingen behoorden. Zij worden namelijk genoemd naast dijken en waterputten en samen met hen van belasting vrijgesteld[17]. Omdat het *Dasjoer-decreet* ondubbelzinnig tot bescherming van de bewoners van de pyramidestad van Snofroe uitgevaardigd werd, laat zich hieruit afleiden, dat de genoemde dijken, putten en kanalen uitsluitend dienden voor de irrigatie van hun land. Dat wil zeggen dat zij aan de kleinste gemeentelijke eenheid, in dit geval de pyramidesteden, waren verbonden, en niet dienden voor de verzorging van een groter territorium. De genoemde kanalen hebben ook de toegang van het overstromingswater naar het land van de pyramidestad gemakkelijker of mogelijk gemaakt. De louter gemeentelijke, tot de onmiddelijke omgeving beperkte betekenis van waterpoelen en putten is hoe dan ook duidelijk.

Nog een andere conclusie is uit deze passage van het *Dasjoer-decreet* af te leiden: het feit dat kanalen, putten en dijken extra belast en in dit geval van belasting vrijgesteld worden, suggereert dat ze algemeen als middel tot verhoging van de landbouwopbrengst werden gezien, mogelijk in tegenstelling tot gebieden, waar een dergelijke productieverhoging niet mogelijk was, omdat de genoemde irrigatie-inrichtingen ontbraken. Dit kan betekenen dat de inzet van deze middelen niet overal in het land gebruikelijk was. Het *Dasjoer-decreet* verschaft echter geen enkel aanknopingspunt om aan te nemen dat er al een grootschalige georganiseerde exploitatie van het overstromingswater, zoals de bassin-irrigatie, bestond.

In de eindfase van het Oude Rijk bestond er een duidelijk te onderkennen tegenspraak tussen de plaatselijke ambtenarenklasse, die de feitelijke zeggenschap had over de agrarische meerproductie, en de behoeften en aanspraken van het centrale gezag, wiens mogelijkheden om over de agrarische meerproductie te beschikken in werkelijkheid sterk waren ingeperkt. Een verscherpend effect op deze tegenspraak had het feit, dat door het volledig ophouden van de neerslag van het laatste subpluviaal en de allengs

---

16. D. Dunham, The Bibliographical Inscriptions of Nekhebu in Boston and Cairo, *JEA* 24 (1938), 1-8.

17. Zie H. Goedicke, *Königliche Dokumente aus dem Alten Reich*, *ÄA 14*, Wiesbaden 1967, 55-77.

dalende Nijlwaterstanden de totale agrarische belasting belangrijk kleiner geworden zal zijn.

Door het samenkomen van deze twee omstandigheden: de noodzaak om de materiële behoeften van een intussen sterk uitgedijde klasse van lagere, midden- en hogere ambtenaren door een verhoging van de agrarische productie te bevredigen, en anderzijds de verslechtering van de klimatologische voorwaarden die een dergelijke productieverhoging niet alleen tegenwerkten maar tot een inkrimping van de agrarische opbrengsten leidde, moet noodzakelijk een situatie ten gevolge hebben gehad, waarin methoden voor een georganiseerd gebruik van het overstromingswater uiteindelijk een dringende vereiste werden.

Zoals het *Dasjoer-decreet* laat zien, waren kanalen als irrigatie-inrichtingen die voor de toevoer, maar ongetwijfeld in gelijke mate voor ook de afvoer van het overstromingswater dienden, in ieder geval al vanaf de 6e dynastie bekend. Waarschijnlijk waren ze er al eerder. Wanneer dan de geringe Nijloverstromingen van de Eerste Tussentijd (*ca.* 2155-2040 v. Chr.) niet de vereiste hoogte bereikten om overal buiten de oevers te treden, schijnen afzonderlijke gouwvorsten door het aanleggen van kanalen het water een weg door de oever gebaand te hebben. Vooral de gouwvorst Cheti uit Sioet bericht van de aanleg van een dergelijk kanaal, van 10 el breed, met behulp waarvan hij de overstroming van de vlakten in het hoogland mogelijk gemaakt had. Ook bericht hij dat hij de ingang van het kanaal met baksteen gebouwd heeft, 'in één bouwperiode en zonder drooglegging'[18]. In de inscripties van de gouwvorsten van de Eerste Tussentijd tekent zich echter ook al een verdere ontwikkeling af van de tot dan toe gebruikelijke irrigatiemethoden. Cheti uit Sioet spreekt in zijn graf nog van een andere installatie, een *ᶜa*-kanaal, die hij voor zijn stad gemaakt heeft en met behulp waarvan het overstromingswater van de Nijl weer op de oude plaatsen aangevoerd kon worden, nadat eerst alle grenzen waren gesloten. De feitelijke toestand wordt nog duidelijker op de *Stèle van Merer* uitgedrukt, waar staat:[19]

'Ik sloot al hun akkers af en al
hun plaatsen in de stad en op het
land. Ik liet hun water niet
over wat van iemand anders is stromen'.

Vanwege de geringe Nijlwaterstanden was het kennelijk ook niet meer voldoende om alleen door de aanleg van kanalen de toegang voor het

---

18. W. Schenkel, *Memphis, Herakleopolis, Theben*, Wiesbaden 1965, 71.
19. J. Cerny, *JEA* 47 (1961), 5-9.

overstromingswater op het land mogelijk te maken. Veroorzaakt door het
noord-zuid verloop van het Nijldal kon de omstandigheid zich voordoen
dat het met moeite op het land aangevoerde water in noordelijke richting
op het land van de buurman liep. Men moest zijn gebied dus 'afsluiten',
dat wil zeggen met behulp van vaste dwarsdammen er voor zorgen dat het
water niet kon wegstromen. Hiermee waren de fundamentele voorwaarden
voor de methode van bassin-irrigatie vervuld: een bepaald door dwarsdammen 'afgesloten' gebied werd met behulp van een toevoerkanaal en
noodzakelijk op de meest stroomafwaarts gelegen plaats door afvoerkanalen van overstromingswater voorzien. Zowel Merer als Cheti wijzen in
hun inscripties er vol trots op dat hun stad en hun gebied door deze maatregelen voldoende van overstromingswater voorzien konden worden en
daardoor over voldoende graan beschikten, terwijl het overige Boven-
Egypte honger leed.

Of de zin 'talrijke Beneden-Egyptenaren irrigeren het (gebied van
Memfis) tot aan de Delta'[20] uit de onderwijzing voor Merikare al als bewijs
voor het gebruik van bassin-irrigatie aangezien kan worden, is niet uit te
maken. In ieder geval wijst zij op het bestaan van permanente irrigatie-
inrichtingen.

Omdat de kunstmatige irrigatie van plantsoenen vanaf zeer vroege tijden eigenlijk volgens hetzelfde principe verliep, is het wel met bijna volledige zekerheid aan te nemen, dat de methode van bassin-irrigatie het product is van een langere historische ontwikkeling, die onder de druk van de
hongerjaren uit de Eerste Tussentijd op sommige plaatsen ook voor de irrigatie van landerijen werd aangewend. In het begin van het Middenrijk
(ca. 2134-1551 v. Chr.) normaliseerden zich de overstromingen evenwel
weer, zoals Bell heeft aangetoond[21], en bereikten aan het einde van het Middenrijk zelfs extreem hoge standen, zodat van de kant van de klimatologische voorwaarden zich eigenlijk geen noodzaak voor een snel doorzetten
van deze methode laat vaststellen.

Aan de andere kant kon met behulp van de bassin-irrigatie de agrarische productie ontegenzeglijk belangrijk worden verhoogd. Onder de technische voorwaarden die door de toestand van de productiecapaciteit bepaald
werden was zij de enige te realiseren methode voor een consequent gebruik
van tenminste een deel van het hoogwater dat gedurende de overstroming
naar de Middellandse Zee wegstroomde. Zij betekende daarom in vergelijking met de spontane overstroming van het hoogland - die eventueel, naar

---

20. Zie A. Volten, *Zwei altägyptische politische Schriften*, Kopenhagen 1945, 52-53.
21. In *AJA* 79 (1975), 223-269.

gelang de plaatselijke voorwaarden van het terrein, door kanalen werd geholpen -objectief een wezenlijke vooruitgang.

Hoe snel deze vooruitgang zich in de praktijk doorzette is nog moeilijk vast te stellen. Enkele gegevens lijken er op te wijzen dat dit proces, tenminste ten dele, in het Middenrijk plaatsgreep. Een controle van het materiaal van het *Wörterbuch der Ägyptische Sprache* (*Wb*) heeft opgeleverd dat sommige aanduidingen van installaties die wezenlijk zijn voor irrigatie pas in het Middenrijk voorkomen, zoals:

ᶜa - het kanaal dat voor het eerst in de inscripties van de gouwvorsten uit de Eerste Tussentijd voorkomt;

meri.t - de oeverdam en

deni.t - de (dwars)dam, die volgens het *Wb* pas in middenrijks literaire teksten verschijnt, maar in de betekenis 'afdammen' al in *Pyr.* 278c voorkomt.

Ook de voorstelling van de brekende, of liever gezegd beschermende dam komt pas in de teksten van het Middenrijk voor. De omstandigheid dat op het einde van het Middenrijk buitengewoon hoge overstromingen voorkwamen, kan mogelijk eveneens aan een sneller doorzetten van de bassin-irrigatie hebben bijgedragen. Wanneer men er rekening mee houdt dat waarschijnlijk om reden van bescherming namelijk om de schade van het hoogwater zo gering mogelijk te houden - de oeverdammen langs de rivier kunstmatig verhoogd moesten worden, dan werd de aanleg van toe- en afvoer kanalen op zijn laatst in deze periode onontkoombaar. Van grote betekenis in dit verband is een van de voorschriften in *De Taken van de Vizier* uit het Middenrijk[22], waar staat: 'Hij zendt de leden van de *Qenbet* (*qnb.t*) van het land uit, om in het gehele land kanalen te maken'.

Het is interessant dat hier de zelfde formulering 'kanalen maken' gebruikt wordt, die ook voorkomt bij Cheti uit de Eerste Tussentijd in verband met de aanleg van een kanaal, dat een 'afgesloten' gebied van water voorziet. Volgens de op zichzelf logische vooronderstelling dat in *De Taken van de Vizier* alleen de vaste verplichtingen van de vizier zijn opgenomen, behelst de zin een aanwijzing dat tegen het einde van het Middenrijk de overgang naar bassin-irrigatie zich nog in *statu nascendi* bevond, dat wil zeggen dat deze zich uitgestrekt heeft over een langer tijdperk, waarbij als

---

22. Noot VdP.: Nieuwe onderzoekingen maken het aannemelijk dat *De Taken van de Vizier* als tekstcompositie gedateerd moet worden in het Nieuwe Rijk (zie hiervoor G.P.F. van den Boorn, *The Duties of the Vizier. Civel Administration in the New Kingdom*, London/New York 1988).

de eigenlijke bestuurders van het werk, de plaatselijke autoriteiten worden genoemd en de vizier alleen een zekere hoofdinspectie uitoefende.

Over de evenzeer voor de bassin-irrigatie vereiste aanleg van dijken en dammen echter, bericht *De Taken van de Vizier* helaas niet. De effectiviteit van de bassin-irrigatie berust juist op het gecoördineerd gebruik van kanalen en dammen, zodat dit geschrift niet zondermeer als getuige voor de aanwezigheid van bassin-irrigatie kan gelden. Aan de andere kant wijst de formulering 'kanalen in het gehele land' op het bestaan van een irrigatiemethode, die - met behulp van kanalen - overal in het land in ieder geval gepland was. Rekening houdend met de inscripties van de Eerste Tussentijd kan dit eigenlijk alleen maar op de bassin-irrigatie betrekking hebben. Een van de overstroming onafhankelijk kanaalsysteem op het hoogland, dat van de aanwezigheid van diepe, permanent waterhoudende kanalen afhankelijk is, was in de tijd van het Middenrijk om technische redenen niet denkbaar. Bovendien was een dergelijk systeem voor de toenmalige hoofdculturen tarwe en gerst niet absoluut noodzakelijk. Dat gewas had - anders dan de voor droogte zeer gevoelige culturen van de moderne tijd (zoals katoen en suikerriet) - geen aanvullende irrigatie nodig gedurende de periode van groei of rijpheid. Afbeeldingen van de vlasoogst laten zien dat de bodem, waar het vlas bij de oogst met de wortel uitgetrokken werd, eerst vochtig gemaakt moest worden[23]. Het daarvoor benodigde water werd in kruiken aangevoerd. Wanneer men niet wil aannemen dat vlas uitsluitend op het laagland verbouwd werd, waar deze vorm van bodembevochtiging natuurlijk en voor de hand liggend was, dan is uit deze afbeeldingen af te leiden dat er in het Middenrijk geen andere werkwijze was om de bodem van het hoogland voor korte tijd onder water te zetten, dan alleen het moeizame gieten.

Dat vooral de Farao's van het Middenrijk in irrigatie-werken geïnteresseerd waren, laten hun activiteiten in de Fayoem zien. Tegenwoordig wordt terecht de antieke overlevering afgewezen, dat door de Farao's het Moërismeer ingericht was als stuwmeer voor overstromingswater. Hun prestaties in de Fayoem zullen eerder bestaan hebben uit een voorgenomen schoonmaken van het van tijd tot tijd verzande Hawara-kanaal en uit een uitbreiding van het bebouwbare cultuurland door de aanleg van dammen en kanalen.

De bassin-irrigatie, waarvan we het vroegste bewijs uit de Eerste Tussentijd hebben, heeft zich vanaf deze periode - ongetwijfeld rekening houdend met de plaatselijke voorwaarden van het terrein - allengs over het land

---

23. L. Klebs, *Die Reliefs und Malereien des Mittleren Reiches*, Heidelberg 1934, 77-78.

verbreid. Wanneer dit proces is afgesloten, is nu nog niet vast te stellen. Naar mijn mening was het in de tijd van de opschriftstelling van *De Taken van de Vizier* nog aan de gang. Vanaf het tijdstip van invoering bleef de methode van bassin-irrigatie, ook nog in de volgende perioden van antieke en middeleeuwse overheersing door vreemden, de belangrijkste irrigatie-methode. Pas toen in de eerste helft van de vorige eeuw de toenemende ver-bouwing van katoen en suikerriet zowel een periodieke afscherming van de daarmee bebouwde vlakten voor de overstroming, alsook een permanente toevoer van gedoseerde waterhoeveelheden vereiste, werden er diepe, permanent waterhoudende kanalen aangelegd, die, vooral door het gebruik-maken van pompen met een grote capaciteit, een gereguleerde irrigatie tot gevolg had. Daarmee werd een steeds groter wordend areaal van de jaar-lijkse overstroming uitgesloten. In deze tijd werd in Beneden-Egypte het systeem van bassin-irrigatie al volledig gestaakt.

De betekenis van de georganiseerde irrigatie voor de ontwikkeling en het bestaan van de faraonische staat.

Wanneer de noodzaak van een centraal bestuur van de georganiseerde irri-gatie de doorslaggevende of tenminste een wezenlijke factor geweest is voor de ontwikkeling van de faraonische staat, dan moet men - of bij de Farao zelf of in zijn naaste omgeving - titels verwachten die betrekking hebben op een dergelijk bestuur. Zoals in het voorgaande al is uiteengezet, vereisten de klimatologische verhoudingen in de predynastieke en Vroege periode hoe-genaamd geen grootschalige irrigatie. Afgezien daarvan zijn er noch in deze periode noch in het daaropvolgende Oude Rijk bewijzen waaruit de over-heersende rol van de irrigatie-organisatie, of titels waaruit dergelijke bestuursfuncties zijn af te leiden. Ook de enkele aanwijzingen waarmee zo nu en dan geprobeerd wordt om titels, of in ieder geval aanknopingspunten daarvoor, aan te wijzen van mensen die een bestuursfunctie bij de irrigatie uitoefenden, blijken bij nader onderzoek niet relevant.

Reisner wilde bijvoorbeeld bepaalde tekens op de zegelcylinder Naga-ed-Deir 1605.7 als 'opzichter over het water' (*ḥntj mw*) opvatten[24]. Kaplony evenwel heeft daarentegen aangetoond dat de gehele zegelinscrip-tie als de naam 'Mijn *Ka* laat vooruitkomen' (*Sḥntj-k3*) is op te vatten[25].

24. G.A. Reisner, *Early Dynastic Cemeteries of Naga-ed-Dêr* I, Leipzig 1908, 122 en Pl. 44h.
25. P. Kaplony, *Die Inschriften der ägyptischen Frühzeit* I, Wiesbaden 1963, 637.

Helck citeert een titel, die vooral opzichters dragen, en die hij als 'Hoofdbe-
stuurder van de Kanalen' vertaalt[26]. Deze titel schijnt voornamelijk in de
4e dynastie voor te komen. Juist de verbinding met het beroep van opzichter
suggereert dat hier, evenals later bij Necheboe en Oeni, in eerste instantie
aan de aanleg van kanalen als transportweg is gedacht en niet zozeer aan
permanente irrigatie-inrichtingen. Ook de functie van de ʿadj-mer (ʿd-mr)
heeft niets met irrigatie-inrichtingen te maken, zoals Helck en Goedicken
uiteengezet hebben[27]. Een controle van de talrijke met mer samengestelde
titels uit het Oude, Midden-en Nieuwe Rijk toont aan, dat het hierbij
ondubbelzinnig om beheerders gaat van veeweiden of van weverijen. Een
verbinding met taken uit het irrigatiewezen is niet aan te brengen, ook niet
wanneer in de schrijfwijze het 'kanaal' gebruikt wordt.

Kennelijk komen er tot in het Middenrijk geen titels voor centrale
bestuursfuncties bij permanente irrigatie-inrichtingen voor. Dit komt overeen met de bevindingen van de voorgaande hoofdstukken, aangezien aanwijzingen voor permanente irrigatie-inrichtingen tot aan het einde van het
Oude Rijk slechts in geringe mate aanwezig zijn. Daar waar deze inrichtingen bestonden, bezaten ze slechts plaatselijke betekenis, zoals uit het Dasjoerdecreet is op te maken. Het bestuur van deze werken kan daarom ook
alleen een zeer beperkt, plaatselijk gezag opgeleverd hebben.

In de Eerste Tussentijd waren het de gouwvorsten, die als de initiato-
ren van irrigatiewerken optreden. Toch maken alleen Merer uit Gebelen en
Cheti uit Sioet uitdrukkelijk melding van de aanleg van irrigatie-installaties.
Sommige anderen beroemen zich er in hun inscripties wel op dat ze hun
gebied met graan konden verzorgen, maar noemen niet de manier waarop
hun dat was gelukt. Alleen uit de 11e dynastie (uit de regeringstijd van Men-
toehotep I, ca. 2061-2010 v. Chr.) kan men nog uit een zwaar beschadigde
passage van de Stèle van Hennoe opmaken, dat hij 'verstopte kanalen uitgegraven' heeft[28]. In deze tijd echter begonnen de overstromingshoogten zich
weer te normaliseren.

Grotere activiteiten van de heersers uit het Middenrijk met betrekking
tot kanaal- en dammenbouw zijn er, uitgezonderd de werken in de Fayoem,
niet aan te wijzen, zodat men moet aannemen dat de methode van de bassin-

---

26. W. Helck, *Die Beamtentitel des Alten Reiches*, Glückstadt/Hamburg/New
York 1954, 99-100.

27. Helck, *ib.* 79-91; B. Goedicken, *Eine Betrachtung zu den Inschriften des
Meten im Rahmen der sozialen und rechtlichen Stellung von Privatleuten im ägyptischen
Alten Reich*, Wiesbaden 1975, 105-112.

28. Schenkel, *op. cit.* 243, Stele van *Hnnw*, regel 15.

irrigatie zich allengs, naar gelang de toenmalige plaatselijke situatie en behoeften, over het land verspreidde, zonder dat het centrale gezag daarbij een beslissende rol speelde.

Uit de *De Taken van de Vizier* vernemen we dat de aanleg van 'kanalen in het gehele land' een kennelijk zeer langdurige opgave was, waarmee de plaatselijke autoriteiten waren belast. De uitvoering daarvan werd, naast vele andere taken, door de vizier gecontroleerd. In het Middenrijk had ook een plaatselijk consortium, de 'leden van de *Qenbet* van het district' eigenlijk bevoegdheid over de irrigatiewerken, tenminste tegenover de vizier. Of zij hun verantwoordelijkheid zelf nakwamen of de taken verder delegeerden, is tot op heden moeilijk vast te stellen. Op een zegel uit het Middenrijk komt echter eenmaal een titel voor, die in het Nieuwe Rijk in een overeenkomstige vorm iets vaker voorkomt, en die ik met taken in het irrigatiewezen wil verbinden: de *iri-moe (ìrj mw)*[29]. De drager van deze titel kon één van degenen zijn, die met de concrete uitvoering van de irrigatietaken was belast.

Uit materiaal van het Nieuwe Rijk blijkt dat de titel van een *ᶜaä-* dan wel *heri-n-moe* (*ᶜȝ/ḥrj-n-mw*) kennelijk ook met de aanduiding van een tempel verbonden kan zijn. Mogelijk komt ook hier de in het Nieuwe Rijk sterk toegenomen economische macht van de tempel tot uitdrukking, die op grond van de grote concentratie grond die hij in handen had, eigen personeel voor de organisatie van de irrigatie aanstelde. Voor een zekere zelfstandigheid van de tempel in de 20ᵉ dynastie (*ca.* 1186-1070 v. Chr.) schijnt ook een opmerking in *Pap. Harris I, 28* te spreken: 'Ik maakte groepen wachters voor het werk aan het kanaal'.

Een volgende groep mensen waarvan de titel met wateraangelegenheden is te verbinden, wordt gevormd door de *ᶜaä-n-bah* (*ᶜȝ-n-bȝḥ*). In de documentatie zijn wel geen concrete gegevens over de omvang van de activiteit van een *ᶜaä-n-moe* of *ᶜaä-n-bah* te ontdekken, en ook moet de onderlinge verhouding nog onduidelijk blijven, maar toch zou ik aan willen nemen dat het hierbij om mensen gaat die de bestuurstaken waarnamen bij de practische uitvoering van de irrigatie en bij het onderhoud van de irrigatie-inrichtingen.

---

29. G. Martin, *Egyptian Administrative and Private Name Seals*, Oxford 1971, 38 Nr. 433.

Uit het materiaal wordt het volgende duidelijk:

1. De dragers van deze titels kunnen geen sociaal zeer hooggeplaatste personen geweest zijn. In de meerderheid van de gevallen worden deze titels als de enige titel van de betrokkene genoemd. Een verbinding met schrijvers-of ambtenarentitels uit andere, meer bekende instituties is daardoor niet te maken.

2. Noch uit de titel noch uit ander materiaal is het bestaan van een centraal staatsinstituut te bewijzen dat met de irrigatie belast geweest zou kunnen zijn. Omdat alle andere mogelijke staats- of tempelorganen door schrijvers, ambtenaren en ten dele door min of meer omvangrijke correspondenties goed gedocumenteerd zijn, is de enige mogelijke conclusie dat ook er in het Nieuwe Rijk geen centraal orgaan voor irrigatie bestaan heeft, maar dat de mensen die voor de uitvoering van de irrigatie en het onderhoud van de daarvoor vereiste inrichtingen verantwoordelijk waren - wat al in het Oude Rijk uit het *Dasjoerdecreet* en in het einde van het Middenrijk uit de *De Taken van de Vizier* blijkt - sterk plaatselijk waren gebonden en daardoor slechts indirect onder het centrale gezag ressorteerden.

3. De loopbanen van de waardigheidsbekleders van staats- of tempelinstituten, waarvan de afzonderlijke stappen goed zijn te volgen, behelzen geen enkele aanwijzing voor een aanstelling bij het irrigatiewezen. Dat wil zeggen dat dit soort taken kennelijk niet behoorde tot de etappes in de carrière van een succesvol ambtenaar, en niet werden waargenomen door de groep ambtenaren die voor de hoge en hoogste bestuursfuncties in de staat en de tempel in aanmerking kwam.

Daartegenover zijn er uit de 18e dynastie (*ca.* 1552-1306 v. Chr.) twee aanwijzingen die laten zien dat zelfs waardigheidsbekleders uit de onmiddelijke omgeving van de Farao belast worden met werkzaamheden aan de Nijl[30]. Uit deze gegevens, enerzijds het ontbreken van aanwijzingen voor een actieve rol van het centrale gezag bij de praktische uitvoering van de irrigatie, en anderzijds de beide titels die laten zien dat waardigheidsbekleders met de functie van een *mer-kat* (*mr k3t*) volledig met werkzaamheden aan de Nijl belast konden worden, is mogelijk een gedifferentieerde taakverdeling ten aanzien van de overstroming te concluderen. Dergelijke taken vloeien voort uit de eigenlijke uitvoering van de irrigatie, zoals de bepaling van het gunstigste moment voor het openen en sluiten van de toe- en afvoerkanalen, van de mogelijke waterhoogte binnen de bassins en de vereiste

---

30. Zie *Mémoires archéologiques françaises* V, Parijs 1894, 368; en een grafinscriptie uit Thebe (Nr. 107).

maatregelen in gevaarsituaties. Zij vereisen een zeer preciese kennis van de terreinverhoudingen binnen het bassin, de stromingsverhoudingen in de kanalen en de bedreigde plaatsen van de dijken, en kunnen met enige kans op succes alleen door de plaatselijke werkkrachten bepaald worden, die jarenlange ervaring hebben met de plaatselijke situatie. Hierbij behoort ook het onderhoud aan kanalen en dijken. Een centraal bestuur van dit onderdeel van de werkzaamheden was niet alleen onnodig, maar was bij de toenmalige stand van de ontwikkeling ook onmogelijk, omdat snelle communicatie-middelen over grote afstanden nog niet bestonden, en elk afzonderlijk hoog-water zijn specifieke bijzonderheden had met betrekking tot tijdstip van begin, duur en sterkte.

Anders lag het met de taken die een langdurige planning mogelijk maakten of vereisten, en waarbij de inzet van grote menigten arbeidskrach-ten nodig was, zoals de nieuwe aanleg van dijken en kanalen, maar vooral ook werkzaamheden aan de oeverdam zelf. Hier was een centraal bestuur door een 'opzichter over alle werken' niet alleen mogelijk maar ook wense-lijk, omdat ze onder meer grotere volmachten over arbeidskrachten enz. ver-eisten.

Een verdeling van de bij de uitvoering van een georganiseerde irriga-tie voorkomende taken in zodanige, die onder plaatselijke, en zodanige, die onder centrale verantwoording vielen, is door R. en E. Hunt in een onlangs verschenen werk (zie noot 4) ook voor andere delen van de wereld aange-toond.

In een bepaalde mate en voor een beperkte tijdsruimte voor en tijdens de overstroming, moeten ook de plaatselijke bestuurders van de irrigatie de mogelijkheid gehad hebben om over voldoende arbeidskrachten te beschik-ken, teneinde de taken die voorkwamen bij de schoonmaak van kanalen, de versteviging van de dammen en het wacht houden tijdens het hoogwater aan te kunnen.

Wie nu degenen waren, die voor dergelijke tewerkstelling werden aan-getrokken, en hoe haar selectie en organisatie in detail verliep, is nog geheel onduidelijk. Men zal echter kunnen aannemen dat daarvoor in de eerste plaats de ter plaatse aanwezige bevolking werd ingezet, en dan niet alleen de agrarische producenten maar ook anderen, zoals bijvoorbeeld lage priesters en de daarbij behorende lagere waardigheidsbekleders. Zelfs hoge waardig-heidsbekleders hielden het niet voor onmogelijk, dat zij in het hiernamaals daar toe verplicht konden worden en voorzagen zich voor dat geval met die-naarfiguren (*sjabtis*) die dat werk dan moesten overnemen.

De functies binnen het plaatselijk bestuur van de irrigatie betekenden echter geen bron voor economische of politieke macht, want de mogelijkheid om over arbeidskrachten te beschikken was zowel tijdelijk als zakelijk gebonden aan een concreet doel, namelijk de uitvoering van de irrigatie en het onderhoud van de daarvoor vereiste installaties. Het inzetten van deze arbeidskrachten voor andere doeleinden was dus onmogelijk, omdat het achterwegelaten van de werkzaamheden aan kanalen en dijken - afgezien van de hoogwaterschade - in ieder geval een aanzienlijke productievermindering van de bodem ten gevolge gehad zou hebben, waardoor ook zij getroffen zouden worden, die verantwoordelijk waren voor de onrechtmatige inzet van arbeidskrachten.

Anderzijds was ook met de methode van bassin-irrigatie, als de verst ontwikkelde vorm van georganiseerde exploitatie van het overstromingswater, geen werkelijke zeggenschap over het water verbonden. Sterkte en duur van het overstromingswater waren door menselijk ingrijpen noch van te voren te bepalen noch te beïnvloeden. Een eigenmachtige verdeling van water en slib binnen het bassin was onmogelijk, omdat de water- en slibmassa op de landerijen bepaald werd door hun ligging binnen het bassin en afhing van de bodem- en stroomverhoudingen van dat moment. Dat wil zeggen dat dieperliggend land eerder en rijkelijker van water voorzien werd dan het hogerliggende. Bovendien ging het in de normale gevallen om zeer grote watermassa's die het toevoerkanaal binnenstroomden. In de moderne tijd rekent men met een waterhoogte van ongeveer 1,20 - 1,50 m. voor een volledige irrigatie, waarbij de bassins gemiddeld een afmeting hadden van 10 km. langs de rivier en 4 km. in de breedte[31]. Zoals de gegevens op de kapel van Sesostris I (1971-1926 v. Chr.) in Karnak aantonen[32], was de waterstand in de faraonische periode in geen geval geringer. Ook wanneer, zoals algemeen wordt aangenomen, de bassins in deze periode kleiner waren, dan waren de watermassa's die voor het vollopen nodig waren ongetwijfeld met grote moeite te manipuleren. Een eigenmachtige verdeling, waardoor de afzonderlijke landerijen tengunste van anderen van irrigatie afgesloten konden worden, was in de praktijk onuitvoerbaar. De aanleg van irrigatie-inrichtingen, vooral die van bassin-irrigatie, leidde wel tot een beter gebruikmaken van het overstromingswater, maar maakte niet een evenredige verdeling mogelijk.

In spreuk 125 van het *Dodenboek* verklaart de gestorvene dat hij 'geen water heeft opgehouden in zijn tijd' en 'dat hij geen dam tegen het komende water opgericht heeft'. En in een andere versie 'ik heb geen kanaal afge-

---

31. Willcocks, *op. cit.*, 60-62.
32. P. Lacau - H. Chevrier, *Une chapelle de Sesostris Ier à Karnak*, Cairo 1956, 238-241 en Pl. 42.

damd wanneer het stroomde'. Deze teksten zijn in de eerste plaats op te vatten als verzekeringen van de dode, dat hij nooit irrigatie-installaties beschadigd heeft. Aan een met het afdammen of ophouden van het water verbonden onrechtmatig voordeel is namelijk vanwege de daarmee verbonden complicaties niet te denken.

Een doelgerichte verdeling van het Nijlwater dat door de overstroming beschikbaar kwam en voor het agrarisch gebruik van het hoogland absoluut noodzakelijk was, was in werkelijkheid niet uitvoerbaar. Dit feit is er waarschijnlijk de verklaring voor, dat organisatie en uitvoering van de irrigatie een louter plaatselijke aangelegenheid gebleven zijn en bij gevolg buiten de eigenlijke interesse van de staat lagen. De taken die door centrale staat werden waargenomen hebben zich dan ook eigenlijk beperkt tot het officieel noteren van de Nijlstanden, die afgezien van hun cultische betekenis mogelijk ook dienden om de oogst te berekenen, tot de zorg voor de versteviging van de oeverdammen en eventueel de uitvoering van omvangrijke werkzaamheden voor de aanleg of reparatie van kanalen of dijken: het bestuur van de eigenlijke irrigatiewerkzaamheden of het opzicht over de verdeling van het Nijlwater behelsden ze niet.

Vanuit dit principe was de bassin-irrigatie eerder geschikt om een zeker particularisme te bevorderen dan om de staatseenheid te bevestigen, omdat ook de bassinsystemen tot welke de afzonderlijke bassins op een nog niet nader te bepalen moment waren samengevloeid, nog tot in de moderne tijd geheel zelfstandig opereerden.

Voor de beantwoording van de vraag naar de rol die de irrigatie als machtsfactor voor de ontwikkeling en het bestaan van de faraonische staat gespeeld heeft, is samenvattend het volgende vast te stellen:

Georganiseerde vormen van irrigatie door kanalen zijn, ook wanneer ze mogelijk al een langere traditie hebben, pas vanaf het einde van het Oude Rijk sporadisch aan te wijzen en waren van uitsluitend plaatselijke betekenis. Zij waren ook, zolang de overstromingen nog een voldoende hoogte hadden en door de neerslag van het late subpluviaal werden ondersteund, vanuit de klimatologische voorwaarden bezien niet noodzakelijk. De noodzaak van een organisatie van de irrigatie kan daarom voor de ontwikkeling van de egyptische staat geen rol gespeeld hebben. Het eerste begin van de bassin-irrigatie, die naar alle waarschijnlijkheid onder de invloed van de sterk verminderde Nijlhoogten ontwikkeld werd, is bekend uit de Eerste Tussentijd. Hun geleidelijke verspreiding over het land, waarvoor men niet een te klein tijdvak mag afmeten, vooral omdat het hoogwater in het Middenrijk weer de normale stand bereikte, had ongetwijfeld objectief een toename van de agrarische productiviteit ten gevolge, maar leidde er in geen geval toe, dat de staat nu de centrale organisator van de irrigatie werd. Een centraal bestuur van de irrigatie was er in geen enkele periode van het faraonische Egypte, waarschijnlijk in de eerste plaats om deze reden, dat het alleen mogelijk was om de exploitatie van het hoogwater te organiseren, en hier echter niet gelijktijdig een verdeling van het water aan verbonden was.

MESOPOTAMIË HET LAND EN HET WATER[1]

Klaas R. Veenhof

Mesopotamië, algemeen gebruikt als naam voor het gebied waarbinnen de beschaving van Sumeriërs en Akkadiërs gestalte kreeg, roept bij vrijwel iedereen het beeld op van de grote vallei van Eufraat en Tigris, het kerngebied van de huidige staat Irak. Toch is dit een late betekenis-ontwikkeling van een term met een lange voorgeschiedenis. De Akkadische voorloper ervan, 'Tussenrivierse', gebruikt het woord rivier in het enkelvoud en is van toepassing op een gebied omstroomd door *één* rivier, speciaal het land binnen de grote noordwestelijke Eufraatbocht. De Griekse versie van de naam, gegeven aan een door Alexander de Grote gevormde satrapie, veronderstelt reeds *twee* rivieren, maar blijft naar het noorden verwijzen, naar het Syrische gebied tussen Eufraat en Tigris. Ook later, in de Romeins-Byzantijnse tijd behoudt Mesopotamië deze beperkte betekenis, die het bijna een equivalent maakt van het latere Arabische al-Jazira, 'het Eiland'[2].

In zijn moderne betekenis, als naam voor de gehele vlakte van Eufraat en Tigris, wordt de term thans met enige graagte in de assyriologie gebruikt. Men kan er een geheel kultuurgebied en een gehele beschaving globaal mee benoemen, zonder van meet af gedwongen te zijn Sumeriërs en Akkadiërs, Babyloniërs en Assyriërs en nog andere oudere of jongere bevolkings-elementen te onderscheiden en die chronologisch en naar kulturele inbreng te differentiëren. Dergelijke onderscheidingen zijn in de wetenschappelijke praktijk bijzonder moeilijk gebleken en vormen één der hoofdproblemen van de assyriologie[3]. Men kan met enig recht stellen dat het gebruik van 'Mesopotamië' en 'Mesopotamisch' in dit licht gezien soms een wetenschappelijke verlegenheid verraadt. Maar deze terminologie heeft ook positieve kanten, want zij onderstreept de wezenlijke eenheid van een complexe beschaving, die ondanks regionale verschillen, duidelijke ontwikkelingsfasen en taalkundige veranderingen identiteit en continuiteit bewaarde[4]. Daar-

---

1. Na het verschijnen van mijn *Mesopotamië. Het land en het water* (inaugurele rede VU, Amsterdam 1974) is de aandacht voor water en irrigatie in Mesopotamië toegenomen, is er veel over gepubliceerd en is interessant nieuw tekstmateriaal ter beschikking gekomen. Ik heb de gelegenheid benut om de tekst te herzien: fouten zijn gecorrigeerd, formuleringen aangepast, en hier en daar zijn gedeelten toegevoegd, ook door gegevens uit de noten in de tekst te verwerken. In de noten zijn verwijzingen naar recente literatuur opgenomen. Zie p. 95 V. voor een opgave van deze literatuur en enkele afkortingen.
2. Vgl. J.J. Finkelstein, 'Mesopotamia', *JNES* 21 (1962), 73-92.
3. Vgl. voor de oudere periode, F.R. Kraus, *Sumerer und Akkader. Ein Problem der altmesopotamischen Geschichte* (Amsterdam 1970).
4. Vgl. A.L. Oppenheim, *Letters from Mesopotamia* (Chicago 1967), 16vv. voor de betekenis van de kulturele continuïteit en het gebruik van 'Mesopotamisch'.

naast brengt zij op kernachtige wijze tot uitdrukking dat de twee rivieren Eufraat en Tigris, of meer algemeen gesteld het water, een onuitwisbaar stempel drukte op het land en zijn kultuur.

Mesopotamië, hoewel nooit een geschenk van Eufraat en Tigris genoemd, dankt zijn vruchtbaarheid aan beide rivieren, die sinds onheugelijke tijden met hun bezinksel de alluviale vlakte gevormd hebben. Omdat, bij gebrek aan voldoende regen, de bodem weinig bestaansmogelijkheden bood, waren leven en welvaart direct afhankelijk van het rivierwater in stroombeddingen, lagunes en moerassen. Dit maakte, sinds de mens zich tegen het einde van het 6e mill. v. Chr. voor het eerst in de vlakte vestigde[5] een bestaan mogelijk op basis van vis, gevogelte, wild, enige landbouw op van nature bevloeide grond, wat veeteelt en het gebruik van natuurlijke grondstoffen als riet en leem. De ecologie van de vlakte bestemde Mesopotamië van de aanvang af tot een landbouwbeschaving, waarvan de bloei in toenemende mate, vooral in de historische periode na 3000 v. Chr. bepaald werd door efficiënt watergebruik middels een goed bevloeiingssysteem.

Dat de waterbeheersing een dominerende factor werd is niet slechts een conclusie van modern archeologisch of epigrafisch onderzoek. Ook de oude bewoners van de vlakte hebben dit door droogte en overstroming of goede oogsten ervaren en daarvan via hun schrijvers en geleerden getuigenis afgelegd. Met voldoening aanschouwden zij het zorgvuldig ontworpen en goed functionerende irrigatiesysteem, dat zij ervoeren als een stuk beschaving waardoor zij zich onderscheidden van de barbaarse nomaden, die geen gerst kenden, en van de mensen uit de oertijd. Het régime van de rivieren en het gebruik van irrigatiekanalen waren blijken van een geordende wereld, een kosmos, die zijn oorsprong moest vinden bij de goden in de dageraad der geschiedenis. Verschillende mythen, literaire en theologische composities brengen dit op gevariëerde wijze onder woorden. In 'Enki en de Wereldorde' is het Enki, de god van het zoete water in en onder het land, die in de rivieren het hoogwater doet stijgen en ze met 'duurzaam' water vult, en vervolgens de god Enbilulu aanstelt als dijkgraaf[6]. In een late Sumerische mythe is het Ninurta, die, na het land tegen het oerwater beschermd te hebben, de Tigris doet stromen en de irrigatie-landbouw doet

---

5. In het uiterste zuiden in Eridu, in het noorden van de vlakte te Tell eṣ-Ṣawwān, nabij Samarra aan de Tigris.

6. Vgl. I. Bernhardt - S.N. Kramer, 'Enki und die Weltordnung', *Wiss. Zeitschr. ... Jena* 9 (1959-60), 231-256, regels 248-271; A. Falkenstein, *ZA* 56 (1964), 77v., 105v., die Kramers opvatting, dat Enki de rivieren door zijn zaaduitstorting vult, niet kan volgen.

aanvangen[7]. In *Enūma Elisj* is het Marduk die, de kosmos ordenend, op het hoofd van de verslagen Tiamat een berg opwerpt en het uit de bronnen oprijzende water als Eufraat en Tigris uit haar beide ogen doet stromen[8]. Een late mythe laat de goden, nà theo- en kosmogonie, eerst de loop der beide rivieren vastleggen en dijken en kanalen introduceren, alvorens de mens geschapen wordt[9]. Een niet lang geleden ontdekte koningslijst van Lagasj beschrijft de periode nà de vloed - een tijd van chaos als vòòr het begin der beschaving in de oertijd, toen spade, hak, draagkorf en ploeg nog onbekend waren - als volgt: 'In die dagen heerste honger in Girsu, omdat het water van Lagasj werd tegen-gehouden. Kanalen werden niet gegraven, sloten niet uitgebaggerd; de *sjaduf* bevloeide de wijde landerijen niet, het water van overvloed doordrenkte de goede akkers niet. De mens verliet zich op regen; Asjnan liet de bonte gerst niet groeien, de voren werden niet opengeploegd, het land droeg niet ...'[10].

Rivieren en later kanalen leverden niet alleen drink- en irrigatiewater, ze speelden tevens een steeds belangrijker rol als verbindingsaders voor verkeer en handel. Niet ten onrechte noemt een Babylonische tekst het water 'het leven van het land'[11]. In materieel opzicht was de invloed van het water speurbaar in het gebruik van riet voor allerlei doeleinden (gebruiks-voorwerpen; vloer- en dakbedekking; drainage; bootbouw) en in de dominerende positie van de kleitichel in de architectuur, waarvan de indrukwek-

---

7. *Lugal-e*, regels 334vv., volgens Van Dijk, *Lugal ud me-lám-bi nir-gál* (Leiden 1983) een beschrijving van 'de evolutie van de post-ijstijdlandbouw', die culmineert in het beschikbaar komen van de Tigris in de zuidelijke vlakte. Vertaling en interpretatie zijn niet zonder problemen. Th. Jacobsen vat de tekst op als een natuurmythe, die de botsing tussen winter en voorjaar interpreteert, maar W. Heimpel, *JNES* 46 (1987), 309v. als een mythe die het ontstaan van de Tigris verklaart, die voor Lagasj van vitaal belang was.

8. *Enūma Eliš* V, 53-58, vgl. B. Landsberger - J.V. Kinnier Wilson, *JNES* 20 (1961), 160v. Ook volgens *CT* 13, 36, 23v. schept Marduk beide rivieren, die hij hun plaats en naam geeft.

9. *KAR* no. 4, vgl. de opmerkingen van H.M. Kümmel in *Welt des Orients* 7 (1973), 27vv.

10. E. Sollberger, 'The Rulers of Lagaš', *JCS* 21 (1967), 279-291, spec. regels 9vv. en 48vv. In zijn vertaling heb ik 'waterrad' vervangen door *sjaduf* (het woord is in het origineel vrijwel geheel weggebroken), omdat de *noria* in de Sumerische tijd nog niet bekend was. Zie voor de Sumerische *sjaduf*, K. Maekawa, *Zinbun* 21 (1986), 119vv.

11. W.G. Lambert, *Babylonian Wisdom Literature* (Oxford 1960), 196, 21. *YOS* 2, 48, 14v. noemt akkerland, en de tekst genoemd in noot 9, regels 11-12, landbouw- en irrigatiegereedschap 'het leven van het land/volk'. Vgl. ook W.G. Lambert - A.R. Millard, *Atra-hasīs* (Oxford 1969), 42, regel 22.

kende ruïnes van steden en torentempels getuigenis afleggen[12]. De invloed
van het water bleef echter niet beperkt tot materiële en economische aspecten, ook sociale en kulturele ontwikkelingen werden er door bepaald. Het
water-régime drukte zijn stempel op het patroon van het werk op het land en
de mate waarin men over bevloeiingswater kon beschikken bepaalde mede
welstand en invloed. Het beheer van het irrigatiesysteem liet de struktuur
van de samenleving niet onaangetast, omdat het vroeg om samenwerkings-
patronen en machtsvorming in de hand werkte. Ook de religieuze voorstellingen, waarin de krachten van de natuur en de verworvenheden van de kul-
tuur een belangrijke rol speelden, ondergingen er de invloed van.
Belangrijke momenten waren de vruchtbaarheid van het water, zijn reini-
gende werking en zijn plasticiteit en creativiteit, vooral belichaamd in de
figuur van de god Ea[13]. Kulturele en wetenschappelijke ontwikkelingen werden gestimuleerd, omdat het waterbeheer drong tot ontwikkeling van irrigatietechnieken en hydraulische constructies, de landmeetkunde bevorderde,
en leidde tot het ontstaan van rechtsregels tot eerlijke verdeling van bevloeiingswater en onderhoudswerkzaamheden.

Aan alle hier opgesomde aspecten aandacht besteden is in dit bestek
uiteraard een onmogelijkheid. Ik wil daarom in wat volgt vooral aandacht
schenken aan de meer directe invloed die het régime van Eufraat en Tigris
en het irrigatiesysteem uitoefenden op het leven in het Tweestromenland.

Een doelmatig gebuik van het rivierwater was niet eenvoudig. Een groot
deel van het jaar was door de lage waterstand irrigatie praktisch onmogelijk,
behalve via arbeidsintensieve hefmechanieken en door distributie van wat
zorgvuldig opgespaard was. Dit werd anders tijdens het hoogwater, soms al
enigermate tijdens de winter, dankzij regenval in het noorden, bij uitstek in
het voorjaar tussen maart en juni. De door smeltwater gezwollen rivieren,
die drie tot zes meter boven hun normale niveau stroomden, schonken dan
al hun overvloed binnen een beperkt aantal weken. Dit voorjaars-hoogwater
was hèt seizoengebeuren, waarnaar de bewoners van de vlakte met spanning
uitzagen. De ontwikkeling van de waterstand werd, zoals we uit brieven
weten, nauwkeurig gevolgd. De zegen van de voorjaarsvloed is dan ook een

---

12. Vgl. E. Heinrich, *Schilf und Lehm, ein Beitrag zur Baugeschichte der Sumerer*
(Berlin 1934).
13. Een monografie over deze belangrijke god ontbreekt. Vgl. wel de klassieke
typering van Enki door Th. Jacobsen in H. en H.A. Frankfort e.a., *The Intellectual Adven-
ture of Ancient Man* (Chicago 1948²), 146v.: D. The power in the water: creativity, en
Th. Jacobsen, *Treasures of Darkness* (New Haven -London 1976), 110vv.

telkens terugkerend thema in omina, gebeden, zegenwensen en lotsbeschik-
kingen de goden in de mond gelegd, en in beschrijvingen van ideale toe-
standen. Als de maangod Nannar, per boot naar de hoofdgod Enlil in Nippur
reist om zegen en welzijn voor hemzelf en zijn stad te verkrijgen, vraagt hij:
'O Enlil, uw overvloed is genoegzaam(?). Geef mij die, Enlil, geef mij die
- naar Ur wil ik gaan. In de rivier geef mij de voorjaarsvloed - naar Ur wil
ik gaan; op de akker geef mij zomergerst - naar Ur wil ik gaan; in de lagune
geef mij grote en kleine karpers - naar Ur wil ik gaan; in het riet geef mij
jong riet en rietscheuten - naar Ur wil ik gaan.'[14] Gudea's grote tempel-
bouwhymne begint met een beschrijving van het door Enlil aan zijn stad
geschonken heil, in de woorden: 'In onze stad is alles wat betaamt stralend
verschenen: het hoogwater is gerezen, Enlils hoogwater is gerezen, het
hoogwater is gerezen. Het vloedwater glinsterde, indrukwekkend. Het hoogwater van Enlil, de Tigris, heeft zoet water gebracht.'[15] De gunstige lotsbe-
schikking voor konig Isjmedagan van Isin afgebeden houdt in een waardig
koningschap, en 'dat Tigris en Eufraat U de overdaad van de voorjaarsvloed
schenken, hun opbrengst overvloedig maken. Het oeverland moge U grassen
en kruiden doen groeien, U vreugde bereiden.'[16]

Maar omdat de rivieren grillig waren en ervaring en traditie wisten
van verwoestende stormvloeden en watergebrek, was de verwachting
gemengd met bezorgdheid en angst. De apodoses van de talrijke omina,
waarin de Babyloniër de waarschuwingen van zijn goden vond en die zo'n
goede spiegel zijn van wat hem bewoog, brengen die bezorgdheid onder
woorden. Alleen 'een rustig hoogwater', waarbij 'Eufraat en Tigris normaal
hun bedding houden', dat bijtijds, in de maand Addar, rond begin maart,
gaat rijzen, 'maakt het hart van het land blij'. Ea, de god van het zoete water
in de grond, die geacht werd de rivieren uit bronnen (*nagbū*) te voeden,
mocht het 'water in de bron niet diep doen zakken', noch het 'in de bron
blokkeren'. Het hoogwater mocht 'niet oprijzen en tot stilstand komen' of
'zonder te bevloeien terugkeren', en evenmin 'in de bron vertraagd worden'
en 'na het seizoen arriveren'. Kwam het op tijd en in juiste hoeveelheden
dan kon het rijpende graan er nog van profiteren zonder weggespoeld
te worden, en het braakliggende land ermee doordrenkt worden voor ont-

---

14. Vgl. A.J. Ferrara, *Nanna-Suen's Journey to Nippur* (Rome 1973), 76v., 104v.,
regels 330vv.
15. Cylinder A, I, 4vv., vgl. A. Falkenstein - W. von Soden, *Sumerische und
Akkadische Hymnen und Gebete* (Zürich 1953), 138.
16. W.H.Ph. Römer, *Sumerische 'Königshymnen' der Isin-Zeit* (Leiden 1965),
237, regels 45vv.

ginning en ten bate van het najaarszaaisel. Een vroeg hoogwater bood de mogelijkheid tot verbouw van zomergerst op het natte land, wat extra voedsel betekende; de naam ervan, *šegunû*, fungeert dan ook, vaak samen met *ruibtum*, 'vochtige grond', als een topos die welvaart en gedijen betekent[17]. Was Ea gunstig gezind, had het water zijn bezinksel afgezet en kanalen, sloten, greppels en stuwbekkens gevuld, dan had de zomerdroogte haar dreiging verloren.

Maar het werd een ramp als het hoogwater zich ontwikkelde tot een 'woeste, drieste vloed', die bressen sloeg in de dijken, verwoestend zich over het land uitstortte, akkers met rijpend graan wegspoelde, kanalen en sloten met modder vulde, kaden en muren vernielde. Dan voorspellen de omina een geringe oogst, terwijl het bouwland wordt gedecimeerd en Erra, de god van de verschroeide aarde en de honger, rondwaart.

Dergelijke katastrofes waren geen zeldzaamheid, omdat het water zich niet liet temmen. Bij uitzonderlijke vloeden waren vooral de gevolgen op lange termijn ingrijpend. De zonder veel verval hoog door het laagland stromende rivieren overschreden hun oeverwallen en zochten zich vernielend eigen wegen langs natuurlijke depressies, waardoor nieuwe stroombeddingen, lagunes en moerassen ontstonden. Het landschap wijzigde zich, het irrigatiepatroon werd verstoord en de mens kon meestal weinig anders doen dan zich bij de gewijzigde situatie aanpassen. Steden, wier bevloeiingssysteem was ontregeld en die hun natuurlijke wateraders zagen uitdrogen, raakten in verval, en de bewoners trokken weg. Het in koningsinscripties veel voorkomende motief van de vorst die door aanleg van nieuwe kanalen overvloed brengt, de verstrooide bevolking verzamelt en rustig doet wonen, getuigt van verzet tegen, maar vooral van aanpassing aan dit natuurgebeuren. De vaak herhaalde, hoopvolle woorden 'duurzaam, blijvend water' onderstrepen in feite het rampzalige van gewelddadige veranderingen in de natuur[18], die slechts door goed georganiseerde, gezamenlijke inspanningen

---

17. Vgl. in het algemeen A.L. Oppenheim in *Orientalia* 5 (1936), 211v. en J. Nougayrol in *Acta Orientalia Neerlandica* (Leiden 1971), 32. Veel aan het hoogwater gewijde omen-apodoses vindt men ook in R. Labat, *Un Calendrier babylonien des travaux des signes et des mois* (Paris 1965), bijv. § 67, 12; § 69; § 74, 10; § 77, 7v.; § 80, 9v.; § 81, 12v.; § 89, 5v.; § 103; en in E. Leichty, *The Omen Series Šumma Izbu* (New York 1970), bijv. p. 51, 59'; p. 122, 7'; p. 123, 29'. Vgl. ook *YOS* 10, no. 17, 58 (*mīlum nīhum*) en 25, 58 (*mīlum gapšum*). Voor *šegunû* zie B. Landsberger, *JNES* 8 (1949), 281 en *CT* 44, no. 37,9.

18. Gekenmerkt door de trits: *sapāhum*, 'verstrooien', *puhhurum*, 'verzamelen', *šūšubum*, 'doen wonen', vgl. D.O. Edzard, *Die 'Zweite Zwischenzeit' Babyloniens* (Wiesbaden 1957). 116v. Ook in omina, vgl. Leichty, *op. cit.* (noot 16), p. 50, 53' (i.v.m. een misgeboorte met twee ogen rechts): 'een in verval geraakt kanaal zal (weer) uitgegraven

ongedaan konden worden gemaakt, waarvoor de middelen en het élan vaak ontbraken. Een gevolg hiervan was dat veel roemruchte, oude steden, zoals Adab, Larak, Umma, Larsa, Girsu-Lagasj, Zabalam, Bad-Tibira en Eridu, vooral ná de Oudbabylonische tijd voorgoed of tijdelijk van het toneel verdwenen, soms tot een krachtig bestuur een renaissance inluidde, zoals in de Nieuwbabylonische tijd. Vooral in het stroomgebied van de Eufraat, die in de waterhuishouding een belangrijker rol speelde dan de Tigris, hebben zich in de loop der eeuwen door veranderingen in de loop en waterverplaatsing der drie zuidelijke armen belangrijke ontwikkelingen voorgedaan, die het lot van veel steden beïnvloedden, wier ruïnes thans ver van het water te vinden zijn[19].

De dreiging van het hoogwater, opgezweept door de storm, vond zijn mythische en literaire neerslag in het verhaal van de grote vloed, een geliefd thema in literaire vergelijkingen en algemeen bekend via het elfde tablet van het Gilgamesj-epos. Blijkens het herontdekte Atrachasis-epos, waar het in zijn oorspronkelijke context bewaard is, is de vloed de culminatie van een reeks goddelijke maatregelen, die aantal en rumoer der zich ongebreideld vermeerderende mensheid binnen de perken moeten houden. Maar het middel schiet zijn doel voorbij, omdat de voor de goden onmisbare mensheid bijna vernietigd wordt[20].

Het debat over de interpretatie van dit verhaal is nog steeds gaande. De assyriologie is niet bereid er slechts een Mesopotamische versie in te zien van een alom verbreide legende over een katastrofale overstroming. Als ergens de ecologische en literaire voorwaarden, vereist voor het ontstaan van dit verhaal, aanwezig waren, dan in Mesopotamië, dat men dan ook als de bakermat ervan wil zien. Het is mogelijk dat het motief van de goddelijke vernietiging van de mensheid op één na, dat wijd verbreid is, met het zondvloedverhaal verbonden is.

Kan men dit verhaal nader situeren en dateren? De literaire traditie plaatst de vloed nog vóór Gilgamesj, die thuis behoort in de tweede fase van

---

worden, op zijn oever zal graan groeien, en het land zal rustig wonen'. Vgl. voor 'duurzaam water', jaarnamen als Rîm-Sîn 23 (variant), 27, Hammurabi 33; diverse koningsinscripties, zoals E. Sollberger - J.R. Kupper, *Inscriptions royales sumériennes et akkadiennes* (Paris 1971), nos. IV B 9c (Sîn-iddinam), 14d (Rîm-Sîn), C 6f, j (Hammurabi), en *CAD* D 117b, g. Vgl. voor de waardering van dit accent op 'duurzaamheid', F.R. Kraus, 'Altmesopotamisches Lebensgefühl', *JNES* 19 (1960), spec. 120vv.

19. Vgl. McGuire Gibson, *The City and Area of Kish* (Coconut Grove 1972), ch. II (met literatuur).

20. Lambert - Millard, *op. cit.* (noot 10); hierin ook de bewerking van het Sumerische zondvloedverhaal door M. Civil.

de Vroegdynastieke tijd, rond 2700 v. Chr. De Sumerische koningslijst kent de vloed als de grote incisie vóór deze Vroegdynastieke periode, in het begin van het derde mill. v. Chr. De Sumerische zondvloedheld is koning van Sjuruppak, één der oeroude steden van vóór de vloed. Deze chronologische indicaties gebruikend heeft men de vloed pogen terug te vinden in reine sedimentlagen, in enkele oude Sumerische steden zoals Ur, Kisj en Sjuruppak aangetroffen, die zouden getuigen van één katastrofale overstroming in de proto-historische tijd, te dateren rond 2900 v. Chr.

Deze stelling is echter tot dusverre moeilijk te bewijzen. De archeologisch vastgestelde 'vloedlagen' variëren stratigrafisch tussen *ca.* 3500 en 2800 v. Chr., en hebben bovendien niet noodzakelijkerwijze alle eenzelfde oorzaak. Een overal op gelijk niveau terugkerende laag is niet gevonden[21]. De literaire traditie over de vloed kan tot op heden niet verder nagespoord worden dan tot *ca.* 2000 v. Chr. en leent zich slecht voor exacte chronologische conclusies. Het eerste, z.g. antediluviale gedeelte van de Sumerische koningslijst is bovendien een latere toevoeging gebleken, die nauw samenhangt met de mythische traditie over de vloed[22]. De daarop in de koningslijst volgende vermelding van 'de vloed die over alles heenspoelde', en die voorafgaat aan de eerste dynastie van Kisj, komt daardoor zeker chronologisch in de lucht te hangen. Civil concludeert in zijn editie van de fragmenten van het Sumerische zondvloedverhaal dat het thema van een grote vloed, die de mensheid bijna uitroeide, niet tot de hoofdstroom van de Sumerische traditie behoort, al kent deze wel het motief van een kosmische storm als een oergebeuren[23].

Falkenstein heeft voorgesteld de 'zondvloed' uit de koningslijst op te vatten als metafoor voor de invasie in Mesopotamië van de Semitische, Akkadisch-sprekende bevolkingslaag, die zijn eerste machtsontplooiing juist vond in de genoemde eerste dynastie van Kisj[24]. Ook dit verraadt een te

---

21. Vgl. voor de discussie over realiteit en datering van de vloed M.E.L. Mallowan, 'Noah's Flood Reconsidered', *Iraq* 26 (1964), 62vv.; H.J. Lenzen, 'Zur Flutgeschichte in Ur', *Baghd. Mitt.* 3 (1964), 52vv.; R.L. Raikes, 'The Physical Evidence for Noah's Flood', *Iraq* 28 (1966), 52-62. Voor de situatie te Kisj, vgl. Mc.Guire Gibson, *op. cit.* (noot 18), spec. 83vv., die concludeert tot een datum in de middelste fase van de tweede Vroegdynastieke periode voor de 'vloedlaag' aldaar. Van Dijk, *op. cit.* (noot 6), 24v., 31v., onderscheidt tussen de oervloed als kosmisch motief en een latere 'historische vloed' die moeilijk te dateren is.

22. Vgl. J.J. Finkelstein, *JCS* 17, 39vv.; W.W. Hallo, *ibid.*, 52vv.; Id., *JCS* 23, 57vv.

23. Civil, *op. cit.* (noot 19), en J.J.A. van Dijk, 'Le motif cosmique dans la pensée sumérienne', *Acta Orientalia* 28 (1963), 1vv., spec. 32vv.; vgl. ook R.E. Simoons-Vermeer, *Numen* 21 (1974), 17vv.

24. A. Falkenstein in *Fisher Weltgeschichte* 2 (Frankfort 1965), 56v. Zijn opvatting is gemodificeerd door J.J.A. van Dijk in S.S. Hartman (ed.), *Syncretism* (Stockholm 1970), 179 met noot 1, die het overdrachtelijk gebruik van het woord 'vloed' (Sumerisch:

groot vertrouwen in de chronologische implicaties van de koningslijst. Men kan zich bovendien moeilijk voorstellen dat dit serieus bedoelde historische document het woord 'vloed' zonder nadere aanduiding in overdrachtelijke zin gebruikt, te meer waar een haast identieke zinswending, o.a. in het Sumerische zondvloedverhaal, in letterlijke betekenis voorkomt. Bij de Sumerische teksten die vijandige invasies met een vloedgolf vergelijken fungeert de toorn van de oppergod Enlil als *tertium comparationis*: als hij straft is het volk dat hij daartoe als middel gebruikt gelijk aan 'Enlils storm-vloed', waarmee hij eens de mensheid haast vernietigde.

Het verhaal is een mythe, met ontegenzeggelijk verhalende kwaliteiten en realiteitszin, gevoed door de bittere ervaringen van vele eeuwen, die de vloed beschrijft als een oergebeuren, dat de kwetsbaarheid van leven en kul-tuur - de eerste steden zijn al gesticht en het koningschap is al uit de hemel neergedaald - in de vlakte onderstreept en in zich de elementen draagt van chaos en een nieuw begin. Het is opvallend dat de beschrijving van het storm-geweld uitvoeriger en plastischer is dan die van het vloedwater[25], en dat de god van het water per excellence, Ea of Enki, niet de aanstichter van de vloed is, ja zich daartegen eerder nadrukkelijk verzet. Het verhaal sluit dan ook eer-der aan bij het motief van de kosmische oerstorm, uit de Sumerische traditie bekend. Het historisch kader is vaag: nog vóór de heroische tijd, in de dage-raad der geschiedenis, als de zondvloedheld nog in een riethut woont, die hij op Enki's bevel ombouwt in een boot. Via de naam van zijn stad, Sjuruppak, wordt het gebeuren gelokaliseerd in de zuidelijke vlakte, maar deze naam kan beïnvloed zijn door het motief dat de enige overlevende van de katastrofe een wijze uit de oertijd is. De oudste verzameling Sumerische wijsheidsteksten, waarvan de manuscripten tot *ca.* 2500 v. Chr. teruggaan, wordt inderdaad in de mond gelegd van Sjuruppak, die dan al de naam van zijn stad draagt[26].

---

a - m a - r u) erkent, en toegeeft dat de penetratie der Semieten - niet zonder meer een massale, eenmalige invasie! - valt in de periode waarin de koningslijst de 'vloed' situeert, maar deze 'vloed' niet wil losmaken van die uit de mythische traditie (o.a. in het Gilga-mesj-epos), die betrekking heeft op 'le déluge primordial', een chaos-verschijnsel uit de oertijd, door Ninurta (vgl. boven noot 6) bedwongen.

25. Vgl. Lambert - Millard, *op. cit.* (noot 10), p. 92, 39. 48vv. III, 5vv.; p. 96, 25; p. 122, 4vv. (Adad rijdt op zijn met de winden bespannen stormwagen langs de hemel); p. 125, 16v. (de stormvogel Anzû rijt de hemel met zijn klauwen open); Sumerische ver-sie p. 142, regels 201vv. (Civil vertaalt a -m a - r u eveneens met 'storm'!). Storm- en regengeweld (wellicht ten tijde van het voorjaarshoogwater; maar dat wordt niet nadruk-kelijk gezegd) doen een watersnood ontstaan, mede omdat, door goddelijk ingrijpen, de natuurlijke barrières tegen het water falen.

26. Vgl. B. Alster, *The Instructions of Suruppak* (Copenhagen 1974). De couleur locale van het verhaal wijst naar het zuiden van de vlakte, maar het is riskant uit allerlei

Het aanleggen en laten functioneren van een uitgebreid irrigatiesysteem legt een groot beslag op het arbeidspotentieel. Het vraagt voorts om deskundigheid en om een doelmatig beheer, voor een eerlijke verdeling van werkzaamheden en water, en voor de organisatie van gemeenschappelijke ondernemingen, die de lokale interessen te boven gaan, en die desnoods dwingend moeten kunnen worden opgelegd. Tal van teksten illustreren dit proces sinds het einde van het derde mill. v. Chr. Helaas ontbreken ze vrijwel geheel voor de eerste helft van dit millenium, een formatieve periode, waarin de overgang valt van een samenleving van vooral landelijke dorpsgemeenschappen, levend van landbouw op basis van een zwak bijgestuurde natuurlijke bevloeiing, naar het Mesopotamië uit de laatste fase van de Vroegdynastieke periode, zich kenmerkend door bevolkingsdichtheid, urbanisatie, politieke machtsvorming in stadstaten, sociale gelaagdheid en een sterk gereguleerde irrigatie. Historici hebben gepoogd deze leemte te vullen met behulp van modellen uit de kulturele antropologie en archeologische gegevens.

Een duidelijk beeld werd ontworpen door Wittfogel in zijn *Oriental Despotism*[27]. De klassieke Mesopotamische samenleving typeert hij als een 'compact hydraulic society', ontstaan omdat het irrigatiemanagement vroeg om en leidde tot een ongemeen sterke bestuurlijke controle door een staatsapparaat, dat de macht en de middelen bezat om grote waterwerken te organiseren, uit te voeren en te beheren. Hierdoor ontstond z.i. een bureaucratische élite met een geconcentreerde macht, die greep kreeg op het grondbezit

---

details verdere conclusies te trekken over tijd en plaats. Vermelding verdient dat er verschillende tradities over de vloed in omloop waren. Het Enmerkar-epos (regels 564vv.) vermeldt dat de inwoners van de (Iraanse) stad Aratta 'lieden zijn die van de overige mensen onderscheiden zijn' ... 'Zij zijn het die in de ... van de vloed stonden. Toen de zondvloed erover gespoeld was heeft Inanna ... in haar grote liefde voor Dumuzi hen om zijnentwille met het water des levens besprenkeld' (vgl. C. Wilcke, *Das Lugalbandaepos* (Wiesbaden 1969), 71v.). Het Irra-epos spreekt in I, 132vv. over een vloed die niet gelijk is aan dè vloed (misschien een metafoor voor een politiek-historische gebeurtenis), en bewaart in IV, 50 de traditie dat 'de oeroude stad Sippar' door Bēl voor de vloed gespaard werd, omdat ze kostbaar was in zijn ogen (Vgl. L. Cagni, *L'Epopea di Erra* (Roma 1969), 182vv. en 230vv.).

27. K.A. Wittfogel, *Oriental Despotism* (New Haven 1957); vgl. de analyse door R. McC. Adams in *The Evolution of Urban Society* (Chicago 1965), 65vv. Ook in andere beschouwingen speelt het irrigatiesysteem een belangrijke rol, vgl. - veel genuanceerder en gebaseerd op het tekstmateriaal uit het 3e mill. v. Chr. - I.M. Diakonoff, 'The Rise of the Despotic State in Ancient Mesopotamia' (1959), Engelse versie in *Ancient Mesopotamia. Socio-economic History* (Moscow 1969), 173vv., spec. 178v., 186v. (bijdrage van de ontwikkeling van het irrigatiesysteem tot de groeiende hegemonie van Uruk en Kisj), 193.

en de centra van economische activiteit. De despotische macht der Mesopotamische rijken was een vrucht van de irrigatiekultuur.

Deze rechtlijnige reconstructie is door de archeologische surveys gedurende de laatste 20 jaar in Zuid-Mesopotamië ondernomen in belangrijke mate ontkracht. Deze surveys waren opgezet om de loop van oude rivierarmen en kanalen te identificeren, en zo een geografisch kader te ontwerpen voor de Oudmesopotamische geschiedenis. Doelstelling en methodiek hebben zich in de loop der jaren echter ontwikkeld, zodat men zich nu ook richt op problemen als het vestigingspatroon, bevolkingsdichtheid, urbanisatie, bestaansmiddelen en staatkundige ontwikkeling. Uit dit onderzoek heeft men afgeleid dat intensieve irrigatie via een omvangrijk net van kanalen minder oud is dan men wel heeft aangenomen. Dit is mede een gevolg van nieuwe inzichten in de ontwikkeling van de ecologie van de zuidelijke vlakte, die na ca. 3500 v. Chr. steeds dichter bevolkt raakte. Diepteboringen in de kop van de Perzische Golf hebben uitgewezen dat door klimaatsveranderingen (koeler en droger) het waterniveau ging zakken, waardoor de zuidelijke vlakte bewoonbaar werd. Een groeiende bevolking leefde er van landbouw op basis van 'natuurlijke' irrigatie, via vrij door het vlakke laagland meanderende waterstromen. Bij geleidelijk afnemen van de waterhoeveelheid in combinatie met bevolkingsdruk (met groeiende stedelijke agglomeraties) moest men overgaan op een steeds grootschaliger, kunstmatig irrigatiesysteem, gebaseerd op een aantal vrij rechte, grote kanalen, die ook de steden moesten bedienen. Deze ontwikkeling is vanaf de eerste fase van de Vroegdynastieke periode (ca. 2800 v. Chr.) archeologisch waarneembaar, d.w.z. als de verstedelijking reeds een feit is, politieke integratie heeft plaatsgevonden, en stadstaten als centra van bestuurlijke en militaire macht zich geconsolideerd hebben. De grote steden waren hierbij niet steeds de natuurlijke centra der irrigatie-systemen en dankten hun ontstaan dus waarschijnlijk ook niet aan een toename en concentratie van bestuurlijke macht ter controle van het bevloeiingswezen[28].

---

28. Vgl. vooral R. McM. Adams, *Land Behind Baghdad* (Chicago 1965); R. McM. Adams - H.J. Nissen, *The Uruk Countryside* (Chicago 1972); McGuire Gibson, *op. cit.* (noot 18), met *Adams 1972*, en voor een totaalbeeld H.J. Nissen, *The Early History of the Ancient Near East* (Chicago 1988), 55vv., 67vv. en 129vv. M.B. Rowton, 'The Role of the Watercourses in the Growth of Mesopotamian Civilization' in *AOAT* 1 (Neukirchen 1969), 307v. is van mening dat de ontwikkeling van het irrigatiesysteem een rol speelde niet zozeer bij de urbanisatie als wel bij het ontstaan van dynastieke autoriteit, met name bij de ontwikkeling van de stadstaat in de Vroegdynastieke tijd. Dit sluit aan bij de opvattingen van Diakonoff (noot 26).

Het lijkt onmogelijk op basis van enkel archeologische gegevens, hoe scherpzinnig ook verzameld en geïnterpreteerd, de complexe vragen hier aan de orde afdoende te beantwoorden. Maar het feitenmateriaal door de surveys aan het licht gebracht en de conclusies eruit getrokken verdienen alle aandacht. Adams' visie[29] dat steden, stadstaten en concentratie van bestuurlijke macht hun ontstaan niet danken aan de organisatorische behoeften van een uitgebreid irrigatiesysteem heeft belangrijke historische consequenties. Het betekent z.i. dat veel andere factoren, zoals bevolkings-toename en schaalvergroting, sociale stratigrafie, toenemende voedselpro-ductie, militaire conflicten en religieus prestige van kultusplaatsen evenzeer een rol speelden. De intensieve, kunstmatige irrigatie is z.i. eerder uitvloei-sel dan oorzaak van deze ontwikkelingen, al heeft zij, in een wat latere fase zeker stimulerend gewerkt. Als concreet voorbeeld van één der mogelijke ontwikkelingen is te wijzen op één van de bevindingen van de Uruk-survey. Men constateerde dat tijdens de Vroegdynastieke periode het aantal lande-lijke nederzettingen verminderde, waarbij de bevolking zich vermoedelijk in en om de zich uitbreidende steden, waarmee zij sociale banden bezat en die veiligheid garandeerden, concentreerde. Deze ontwikkeling, die samen kan hangen met de toenemende militaire rivaliteit in Sumer, waarvan legendari-sche tradities getuigenis afleggen, leidde tot bevolkingstoename in de als eenheid fungerende stad met ommeland. Dit vergde weer intensivering van de landbouw in de cultivatiegordel, die mogelijk werd door een verbeterde kunstmatige bevloeiing, welke gepaard ging met winning van akkerland en efficiënter landgebruik, die vanuit het bestuurlijke centrum van de stad georganiseerd konden worden met gebruikmaking van de toegenomen mankracht[30].

De schaarse, reeds genoemde legendarische overleveringen spreken zo'n ontwikkeling niet tegen. De strijd tussen Uruk onder Gilgamesj en Kisj brak uit omdat Kisj Uruk wilde onderwerpen en tot corvee wilde dwingen om de watervoorziening van Kisj te verbeteren[31]. Het Enmerkar-epos weet te verhalen dat Enmerkar van Uruk, door de godin Inanna naar haar stad

---

29. Vgl. behalve de in noot 27 genoemde literatuur vooral zijn bijdrage in *City Invincible: A Symposium on Urbanization and Cultural Development in the Ancient Near East* (Chicago 1960), 269vv.; *The Evolution of Urban Society* (Chicago 1965), en 'The Study of Ancient Mesopotamian Settlement Patterns and the Problem of Urban Origins' in *Sumer* 25 (1969), 111vv.

30. Adams, *Sumer* 25, 115v.; *The Uruk Countryside*, ch, 2, spec. 25vv.

31. Het begin van de compositie 'Gilgamesj en Agga', vgl. de vertaling in S.N. Kramer, *The Sumerians* (Chicago 1963), 187v.; en W.H.Ph. Römer, *Das sumerische Kurzepos 'Bilgames und Akka'* (Neukirchen 1980).

gehaald, vijftig jaar besteedde, niet alleen aan het bouwen van de stadsmuur, maar ook aan het door drainage en ontginning van rietvelden bewoonbaar maken van het territorium, dat wordt beschreven als een conglomeraat van moerassen, rietland en akkergrond[32]. Het oudste, goed gedocumenteerde militaire conflict tussen Lagasj en Umma, enkele eeuwen later, spitste zich toe op het bezit van het vruchtbare grensland, waarin Lagasj een grenswal opgeworpen had. Umma buitte zijn strategische positie stroomopwaarts uit door de watervoorziening en irrigatie van Lagasj via een Eufraat-arm te verstoren, waarop Entemena van Lagasj reageerde door via een nieuw kanaal water uit de Tigris aan te voeren[33].

Als tegen het einde van dit millennium de bronnen wat mededeelzamer worden vernemen we uit koningsinscripties, jaarnamen, grensbeschrijvingen en administratieve oorkonden over het bestaan van en het werk aan kanalen, stuwbekkens en dammen. Uit administratieve boekingen blijkt dat de grote organisaties, paleis en tempel, groepen arbeiders in corvee-dienst of tegen loon inzetten voor de noodzakelijke werkzaamheden.

Het graaf- en grondwerk (k i . l á ; *kalakkum*) was uit de zo gegroeide irrigatiekultuur niet weg te denken. Het behoorde, zoals een Babylonische tekst zegt tot het 'patroon' van het land[34]. Men kon zich niet voorstellen dat het, sinds Eufraat en Tigris door goddelijk ingrijpen in de vlakte waren geleid, ooit anders geweest was, zelfs niet in de tijd toen er enkel goden waren. Een traditie, het beste verwoord in het Atrachasis-epos, beschrijft die tijd, 'toen de goden (als) mensen waren', en geeft ons tegelijk een Babylonische visie op de mens en zijn werk. De goden, aldus de mythe, verrichten al zuchtend hun moeizame arbeid, het corvee met spade en draagkorf aan kanalen en dijken. De lagere goden, op wie de hogere deze last hebben afgeschoven, komen na veertig jaar in verzet, met protest, staking en dreiging. Hun actie vindt begrip en boekt resultaat: de mens wordt geschapen; hij zal 'het juk dragen, het corvee der goden torsen'; zij herkrijgen de vrijheid[35].

---

32. C. Wilcke, *op. cit.* (noot 25), 119, r. 297v.

33. Vgl. de interpretatie bij Jacobsen in 'A Survey of the Girsu (Telloh) Region', *Sumer* 25 (1969), 103vv.; anders t.a.v. de geografische factoren: G. Pettinato, *Mesopotamia* 5-6 (1970-71), 281-320. Zie voor dit conflict ook J.S. Cooper, *Reconstructing History from Ancient Inscriptions: The Lagash-Umma Border Conflict* (SANE 2, Malibu 1983); *Carroué 1986*, en voor de interpretatie van e (g) als 'grenswal' en niet 'kanaal': *Postgate 1988*, 216. Een vertaling van de teksten in Sollberger - Kupper, *op. cit.* (noot 17), onder I, C.

34. *KAR* 4, 4 (g i š . h u r = *uṣurtum*).

35. Atrachasis (noot 10), tablet I, 1-4, 34-42, 146-150, 176-179, 194-197, 240-243. Dezelfde traditie ook in de Sumerische compositie 'Enki en Ninmah', vgl. Pettinato, *op. cit.* (noot 6), 70v.; regel 12 noemt uitdrukkelijk het graven van kanalen. Vgl. K.R. Veenhof, 'De interpretatie van de Atrachasis-mythe', *Ned. Theol. Tijdschr.* 44 (1990), 177vv.

De overtuiging dat de mens er is om voor de goden te werken is diep
geworteld in de traditie. En de mens kon zijn taak niet aan anderen over-
doen; de ruïnes van tempels, de sporen van kanalen en talrijke geschreven
documenten leggen getuigenis af van zijn harde arbeid. Slechts de groten en
machtigen konden, naar goddelijk voorbeeld, bij toenemende sociale onge-
lijkheid en taakverdeling, minderen voor zich laten werken. En het zijn juist
deze machtigen bij uitstek, de koningen, die zich aan ons presenteren als
uitvoerders van irrigatiewerken en bouwers van tempels. Deze pretentie
wortelt in de aard van hun ambt. Als hoofd van de gemeenschap zijn zij de
individuele vertegenwoordigers van stad en land tegenover de god, voor wie
zij de menselijke opdracht verrichten. Niet slechts tempels, ook kanalen en
stuwbekkens worden, blijkens de oudste inscripties, gemaakt voor de god,
worden hem aangeboden[36]. Maar de vorst is tegelijk de goddelijke stede-
houder, die krachtens zijn opdracht o.a. door ontwikkeling van de irrigatie
het heil van zijn land bevordert[37]. Dat koningen deze plicht zijn nagekomen
verkondigen ze in bouwinscripties, soms zelfs aangebracht op hun beeltenis,
die hen vertoont met de draagkorf op het hoofd. Ze vertellen het in klin-
kende epitheta - 'Nebukadnezar, de kloeke dijkgraaf, die de dreven bevloeit'
- in welsprekende kanaalnamen - 'Hammurabi betekent overvloed voor het
volk' - en in breedsprakige jaarnamen, zoals: 'Jaar waarin Rîm-Sîn, de
echte herder, die wijsheid bezit en wiens kunde uitnemend is, op bevel van
Enlil en Enki het Tweelingkanaal - dat de wijd verspreide bevolking van
drinkwater voorziet en welks oevers overal een weelde aan tarwe doen uit-
spruiten - tot de zee toe groef en zo het aangrenzende land in goede akkers
veranderde' (Rîm-Sîn jaar 24).

Het beeld dat de oude teksten ons bieden is eenzijdig; ze zijn vrijwel
uitsluitend uit tempel of paleis afkomstig. Wat de andere componenten van
de samenleving, landbouwgemeenschappen in dorpsverband en particuliere
grootgrondbezitters, presteerden weten we niet. Het ligt voor de hand aan te
nemen dat zij hun traditionele bemoeienis met de bevloeiing niet hebben
gestaakt en hun inspanning zijn blijven concentreren op de fijnere vertakkingen van het bevloeiingsnet, waarvan hun akkers direct afhankelijk waren,

---

36. Zie voor de teksten J.S. Cooper, *Sumerian and Akkadian Royal Inscriptions*, I
(New Haven 1986), 28 (La 1.17: voor Nanše), 42 (La 3.5: voor Ningirsu, 'hij schonk het
hem') en 57 (La 5.2: voor Ningirsu). De laatste tekst staat op een kleispijker, die men kan
opvatten als een document dat de bezitsoverdracht vastlegt, vgl. G. van Driel, *Phoenix* 15
(1969), 215.

37. Vgl. K.R. Veenhof, in: H.J.M. Claessen (ed.), *Sacraal Koningschap, schakel
tussen goden en mensen* (ICA no. 82, Leiden 1988), 27vv.

waarvoor zij verantwoordelijk waren of bij toenemende staatsinvloed gesteld werden. Aanleg en onderhoud van grote kanalen, stuwbekkens en dammen en regulering van rivierarmen gingen hun capaciteiten en lokale interessen te boven, en vereisten de inzet der grote organisaties, die door belastinggelden, pachtgelden en andere inkomsten en met gebruikmaking van dienstplichtigen, cliënten en horigen dit werk aankonden, waarbij zij als grootgrondbezitters bij uitstek ook alle belang hadden. Reeds de archaische teksten uit Ur - *ca.* 2600 v. Chr. - getuigen van een hiervoor vereiste structuur op het punt van bureaucratie en grondbeheer[38]. Documenten uit Lagasj, ruim een eeuw later, geven enig inzicht in het werk aan dijken en kanalen op het land van de tempel onder leiding van ambtenaren, door werkteams en gerecruteerde individuen verricht en nauwkeurig geadministreerd[39]. Deze tendenzen hebben zich doorgezet bij uitbreiding van de bestuurlijke macht, areaalvergroting en verbeterde planning, gestimuleerd door diepingrijpende crises. Het irrigatiesysteem maakte het land immers ook in toenemende mate kwetsbaar. Vijandelijke invallen en politieke onrust leidden licht tot stagnatie in de onderhoudswerkzaamheden of verlating van het land, wat het systeem ontwrichtte. De intensieve irrigatie kon bovendien, bij gebrekkige drainage, stijging van de grondwaterspiegel en snelle verdamping, tot ver- zilting van de bodem leiden. Aanvankelijk heeft men veelal aangenomen dat deze dreiging tegen het einde van het derde millenium v. Chr. akuut werd en resulteerde in een drastische vermindering van de verbouw van (voor zout gevoeliger) tarwe, afname van de opbrengst van gerst, en het opgeven van verzilte, oude kultuurgrond. Dit verschijnsel zou zelfs een factor zijn geweest in de verplaatsing van het politiek-economische zwaartepunt van het zuidelijke Sumerië naar het noordelijker Akkad[40]. Recent onderzoek heeft uitgewezen dat de situatie minder desastreus was en dat de Sumeriërs verzilting, die zeker voorkwam, door ontlogen van de bodem (door irri- gatiebassins onder water te zetten en daarna te draineren; Sumerisch a . d é . a ?) en door het braak laten liggen van akkers (om het jaar) wisten tegen te gaan[41]. Als door oorlog of economische crises dergelijke maatregelen achterwege bleven werd het gevaar akuut. Dan 'werden de zwarte velden

38. H.T. Wright, *The Administration of Rural Production in an Early Mesopota- mian Town* (Ann Arbor 1969), ch. VI-VII.

39. J. Bauer, *Altsumerische Wirtschaftstexte aus Lagash* (Rome 1972), nos. 1-3.

40. Th. Jakobsen, *Salinity and Irrigation Agriculture in Antiquity* (Bibl. Mesop. 14, Malibu 1982). Vgl. voor de verzilting o.a. de namen en kwalificaties van landbouw- gronden samengesteld met m u n , 'zout', bij G. Pettinato, *Untersuchungen zur neusume- rischen Landwirtschaft*, I/2 (Napoli 1967), 241vv., nos. 6, 17v., 20.

41. Zie *Powell 1985*.

wit, de wijde vlakte vol alkali' (Atrachasis-epos, Tabl. II, iv:7v.). Dergelijke crises konden slechts door grote, collectieve inspanningen overwonnen worden.

Een goed voorbeeld levert de stad Ur rond 2100 v. Chr., na de verdrijving der Guti toe aan een renaissance onder haar derde dynastie. De eerste koning, Urnammu, legt zich allereerst toe op herstel van kanalen en irrigatiewerken. Zijn inscripties tonen zijn activiteit, o.a. het draineren van een 20.000 ha. groot moerasgebied door de aanleg van een 45 km. lange dijk. Enkele literaire composities getuigen van de betekenis door hem en zijn hof aan zulke prestaties toegekend. De z.g. 'Kroning van Urnammu' begint met de klemmende vraag: 'Wie zal het graven, het kanaal, wie zal het graven?' en nadat deze vraag t.a.v. twee met name genoemde kanalen is herhaald wordt de koning zelf sprekend ingevoerd. Hij heeft het al gedaan en beschrijft trots de gevolgen van zijn werk, die hem - dat is de implicatie van de tekst - een waardig koning van Sumer en Akkad maken. En als de tekst aangeduid als 'Urnammu's dood' de balans van zijn regering opmaakt, begint zijn erelijst met de woorden: 'De kanalen, die ge gegraven hebt', om daarna melding te maken van landontginning, drooglegging en het stichten van neder-zettingen[42].

Talrijke administratieve oorkonden uit die tijd onderstrepen de betekenis van de waterwerken. Veldteksten beschrijven landerijen met de aard van hun watervoorziening en arbeidsteksten specificeren kosten en mandagen besteed aan bevloeiing en kanaalonderhoud[43]. Ze bewijzen hoezeer de administratie van het rijk actief was in zijn regionale en lokale vertakkingen, maar de figuur van de koning zelf blijft, buiten zijn pronkinscripties en de hofliteratuur, meestal ongrijpbaar.

---

42. Vgl. Urnammu's inscripties in Sollberger - Kupper, *op. cit.* (noot 17), III A 1e en 1f; W.W. Hallo, 'The Coronation of Urnammu', *JCS* 20 (1966), 133v.; C. Wilcke, 'Eine Schicksalentscheidung für den toten Urnammu', *Actes de la XVIIe Rencontre Assyriologique Internationale* (Ham-sur-Heure 1970), 81v.; J.J. Finkelstein, 'The Laws of Urnammu', *JCS* 22 (1969), 68, 150v. (beschadigd). Zijn jaarnamen vermelden weliswaar amper irrigatiewerken, maar wij kennen de volledige reeks namen niet. Zie voor het probleem D.R. Frayne, *The Historical Correlations of the Sumerian Royal Hymns* (Diss. Yale Univ., 1981), 70vv., spec. 115vv.

43. Vgl. o.a. de gegevens over de velden verzameld door Pettinato, *op. cit.* (noot 39), en het materiaal behandeld door H. Sauren, *Topographie der Provinz Umma nach den Urkunden der Zeit der III. Dynastie von Ur. I: Kanäle und Bewässerungsanlagen* (Heidelberg 1966) en *Waetzoldt 1990*. Vgl. voor de waterwegen vooral D.O. Edzard - G. Farber, *Die Orts- und Gewässernamen der Zeit der 3. Dynastie von Ur* (Rép. Géogr. des Textes Cunéiformes 2, Wiesbaden 1974). Vgl. ook de gegevens in *Carroué 1986*, *Hruska 1988*, *Steinkeller 1988* en *Waetzoldt 1990*.

Dit wordt anders tijdens de Oudbabylonische periode, vooral dankzij de koninklijke correspondenties uit Mari, Babel en Larsa, die ons in staat stellen de vorstelijke pretenties op hun waarheidsgehalte te toetsen. In deze brieven rapporteren ambtenaren aan hun vorst over de stand van het hoogwater, de staat van de dijken en hydraulische constructies, en aanleg en onderhoud van kanalen. De vorst zelf voorziet hen van orders en geeft direktieven over organisatie en uitvoering van werkzaamheden, en laat zich soms ook in met conflicten over waterrechten[44].

Dit zicht op de actieve betrokkenheid van de vorst betekent nog niet dat we nu weten hoe het irrigatiesysteem functioneert. Hiervoor is een antwoord nodig op twee vragen: welke bevloeiingstechnieken paste men toe, en hoe was het beheer over het waterwezen georganiseerd t.a.v. beslissingsbevoegdheid inzake werkzaamheden, waterverdeling en watergebruik? Het antwoord hierop moet gezocht worden in het tekstmateriaal, vooral uit het tweede millenium v. Chr., met zijn rijkdom aan brieven, rechtsoorkonden en administratieve documenten. Het onderzoek zal zich moeten richten op een verstaan van de terminologie en de techniek van de irrigatie en een analyse van de bestuurlijke structuren, tegen de achtergrond van de realiteiten van de landbouw in de vlakte: de ecologie, de jaarlijkse cyclus van werkzaamheden, de aard en de vorm der velden, en de verbouwingsmethoden. Een samenvattende behandeling van dit vragencomplex is tot op heden niet beschikbaar, al zijn er deelstudies, detailonderzoeken en de waardevolle bijdragen der moderne woordenboeken[45].

De irrigatieterminologie is rijk en gevarieerd, en dat niet alleen diachronisch gezien. Er is een grote scala van namen voor irrigatiekanalen en sloten van diverse grootte en functie; en zijn veel werkwoordelijke zegswijzen die het bevloeien van de akker aanduiden; er is een half dozijn termen voor dammen, stuwen en waterbarrières. In vele gevallen aarzelt men tussen het aannemen van fijne betekenisnuances of volledige synonimiteit. Aan de andere kant is er een hinderlijke veelduidigheid, omdat bijv. één en hetzelfde zelfstandige naamwoord (*nārum*) gebruikt wordt voor 'rivier' en 'kanaal', omdat een zelfde logogram, p a $_5$, verschillende Akkadische namen voor kleinere kanalen dekt, en omdat werkwoorden als 'openen' en

44. Vgl. voor het probleem en het materiaal M.B. Rowton. 'Watercourses and Water Rights in the Official Correspondence from Larsa and Isin', *JCS* 21 (1967), 267vv., en zijn artikel in noot 27 genoemd. Zie voor het materiaal uit Mari *ARMT* 3 nos. 1-9, 6 nos. 1-12, 14 nos. 12-21 en de brief A 4188+ (*MARI* 5, 1987, 591vv.), en vgl. *Kupper 1988* en *Durand 1990*.
45. Zie ook de literatuuropgave aan het eind van deze bijdrage.

'doorbreken' (en dat geldt ook voor de nomina 'opening' en 'bres') evengoed natuurlijke dijkdoorbraken kunnen aanduiden, als opzettelijke, tijdelijke openingen in dammen of oeverwallen ten bate van de bevloeiing. Moeilijk wordt het als men de exacte betekenis van namen voor meer technische constructies, zoals stuwbassins, spaarbekkens en sluizen, wil achterhalen en die zich concreet wil voorstellen. Met etymologieën komt men niet ver, en de meeste teksten waarin de termen voorkomen volstaan met laconieke vermeldingen zonder beschrijving. Verschillen van mening tussen moderne onderzoekers zijn illustratief[46].

Bevloeiing in Zuid-Mesopotamië berustte op de wetten van de zwaartekracht, met gebruikmaking van het verval van stroombeddingen en bodem. Slechts in ongunstige omstandigheden, op hoger gelegen grond en waar het land niet door kanalen was opengelegd, bediende men zich soms van arbeidsintensieve hef- en schepmechanieken en water uit putten[47]. Omdat men, gezien het landbouwseizoen, het water niet zonder meer over de akkers kon laten lopen, werd het opgevangen en gedistribueerd via een zich verfijnend net van kanalen en sloten, eindigend in de grensmarkerende greppels (*ikum*) rond de individuele akkers en de diepe, watervoerende voren. Om een groot areaal te kunnen bevloeien moest het waterniveau hoog gehouden worden, wat men bereikte door dammen, stuwen en sluizen, en door aanleg van speciale stuw- en spaarbekkens, naast of in de waterlopen, die bij wateroverlast tevens als overloop konden fungeren. Gunstig - maar tevens riskant -was dat de kanalen, door voortdurende slibafzetting in

---

46. Men vergelijke de verschillende interpretaties van de betekenis van de Sumerische term n a g . k u ₅ bij *Steinkeller 1988*, 74vv. ('regulator, divisor'), *Waetzoldt 1990*, 4vv. ('Flutbecken, Reservoir', *Postgate 1988*, 217vv. ('regulator'), en *Stol 1980*, 357a (= Akkadisch *namkārum*?); vgl. *v. Soldt 1988*, 113vv. over *natbaktu*.

47. Vgl. *CAD* s.v. *dalû* en derivata (gebruik van de schepemmer, vooral bij een put), en voor deze en andere irrigatietechnieken J. Laessøe, 'Reflections on modern and ancient oriental water works', *JCS* 7 (1953), 5vv. In Kisj nam in de Vroegdynastieke periode blijkens de in noot 30 geciteerde compositie irrigatie uit putten met schepemmers een belangrijke plaats in. Jahdunlim van Mari vermeldt dat hij het land met kanalen openlegde en de schepemmer (of: het waterscheppen) afschafte, al bleef deze techniek blijkens *ARMT* 6, 3, 6 voorkomen (ook in het gebied van Terqa, vgl. *TCL* 1, 238, 8; zie ook *Durand 1990*, 128v.). Uit de Oudbabylonische periode zijn enkele contracten bekend waarin een akker verpacht wordt, waarbij sprake is van bevloeiing met een schepemmer (*ana dīlim*; vgl. G. Mauer, *Das Formular der altbabylonischen Bodenpachtverträge* (München 1980), 82v.). In zulke gevallen was de pachtsom kleiner dan normaal (vgl. ook *BIN* 7, 177, bij verbouw van sesam). Zie voor de Ur III-periode *Waetzoldt 1990*, 12. In de Nieuwassyrische tijd contrasteren velden aangeduid als *bēt šiqī* en *bēt dalāni*, vgl. J.N. Postgate, *CTN* II, p. 99 ad no. 64, 8v. Vooral bij de tuinbouw maakte men gebruik van schepemmers.

het stroombed en door geleidelijke stijging van de oeverwallen door sedimentatie en baggerwerkzaamheden, hoog door het laagland stroomden. Men behoefde veelal slechts een opening in een dijk of dam te maken om water beschikbaar te krijgen, maar dit diende omzichtig te geschieden, en vereiste controle.

Niet ten onrechte wijdt de Codex Hammurabi enkele paragrafen aan de schuldige nalatigheid van wie door achteloos optreden in zo'n geval belendende akkers schade bezorgt[48]. Vooral nà de voorjaarsvloed moest zorgvuldig met het water omgesprongen worden om het graan tijdens het groeiproces, overeenkomstig het advies van de Sumerische Georgica (regels 67-71) nog vier maal van water te kunnen voorzien. In die periode werd het water met behulp van dammen en stuwen in étappes verder geleid, zodat ook de boeren met land aan de benedenloop van het kanaal aan hun trekken kwamen.

Een belangrijke rol, als verbinding tussen rivierarmen en grote kanalen enerzijds (*nārum*) en de greppels (*ikum*) in en rond de akkers anderzijds, spelen middelgrote kanalen en sloten, *atappum* en *namkārum*. Wij ontmoeten ze in beschrijvingen van velden, in verband met verpachting van land en in rechtsoorkonden die aangeven waaruit een bepaald veld geïrrigeerd moet worden. Hun preciese functie en omvang is moeilijk nauwkeurig te omschrijven, wegens variatie in volgorde en gebrek aan technische beschrijvingen. Ook het voorkomen van hun namen op enkele plattegronden heeft niet de gewenste duidelijkheid gebracht[49]. Verhelderend is een vergelijking met een thans nog bestaand en nauwkeurig beschreven irrigatiesysteem aan de benedenloop van de Eufraat bij Daghara, zowel t.a.v. het patroon van waterwegen als t.a.v. vragen van arbeidsverdeling en beheer[50].

Enige informatie over de grootte der kanalen en sloten is ook te putten uit de mathematische teksten. De mathematiek, die juist in de

---

48. *Codex Hammurabi* § 55v., bestudeerd door P. Naster, *Le Muséon* 68 (1955), 137vv. De twee voorafgaande paragrafen behandelen nalatigheid in het onderhoud van de dijk of wal. Een analoge bepaling vermoedelijk in § 3 van het Nieuwbabylonische wetsfragment, vgl. *v. Laere 1977*.

49. Een *atappum* was een klein kanaal, dat direct langs en tussen de akkers door liep en dat door de individuele boer ter bevloeiing van zijn veld 'geopend' kon worden (*Codex Hammurabi* § 55 en de teksten waarnaar noot 64 verwijst). Een *namkārum* was, krachtens zijn naam, speciaal voor irrigatie bestemd, maar kon wellicht ook als (spaar)bassin fungeren, vandaar dat het ook 'poorten' en 'sluizen' kon bevatten (*v. Soldt 1988*, 112). Beide konden meer dan één veld/boer bedienen, zelfs een hele 'polder' (*ugārum*), maar een *namkārum* was misschien langer en kon direct van een hoofdkanaal aftakken, zie ook *Stol 1980*, 356v.

50. Vgl. R.A. Fernea, *Shaykh and Effendi* (Cambridge Mass. 1970).

Oudbabylonische periode tot grote bloei kwam, richtte zich op het oplossen van op de praktijk stoelende rekenkundige problemen ten dienste van de aankomende schrijver, die ook benul moest hebben van landmeetkunde en capaciteitsberekeningen. In de probleemteksten neemt het grondwerk (k i . l á = *kalakkum*) een belangrijke plaats in, omdat het aantrekkelijke driedimensionale aspecten vertoonde, waarbij vierkante en rechthoekige prisma's en afgeknotte pyramiden aan bod kwamen. In allerlei variatie worden opgaven geformuleerd betrekking hebbend op het graven of uitdiepen van kanalen, het opwerpen en verhogen van dijken en het aanleggen van dammen, waarbij grondoppervlak, grondvolume, mandagen en loon de wisselende onbekenden zijn. Rekenkundig interessant zijn berekeningen van kanalen met een trapezoïde bedding, waarbij de output per man verschilt al naar gelang de diepte waarop hij werkt, en waarbij de omhoog gebrachte grond gebruikt moet worden voor het opwerpen van een dijk van welomschreven afmetingen[51]. Al wekken deze teksten soms de indruk van rekenkundige Spielerei, de band met de praktijk blijft bewaard. De gehanteerde normen -grondverplaatsing per man per dag van maximaal 3 m³ tegen een loon van 10 liter gerst - komen we ook tegen in administratieve oorkonden uit die tijd, waarin uitgaven voor grondwerkzaamheden nauwkeurig geboekt worden[52]. De kanalen en sloten waarop dit tekstmateriaal betrekking heeft zijn doorgaans 1 tot enkele meters breed, 0,5 tot 2,5 meter diep en enkele tientallen tot honderden meters lang. Enkele Oudbabylonische brieven laten ons zien dat de bestuurlijke branche, belast met dit graafwerk, vooraf inderdaad het werk opmat en berekeningen maakte betreffende het benodigde aantal arbeiders en de duur van het karwei, waarbij we dezelfde technische termen als in de mathematische teksten ontmoeten[53].

---

51. Vgl. vooral O. Neugebauer - A. Sachs, *Mathematical Cuneiform Texts* (New Haven 1945) 59vv., § 5 en 77vv., § 6, Irrigation (Canals, Cisterns), en spec. 88, BM 85196 no. 16. De probleemtekst F. Thureau-Dangin, *Textes mathématiques babyloniens* (Leiden 1938), no. 223, behandelt de aanleg van een dam in een kanaal. Zie voor een analyse van desbetreffende teksten *Powell 1988*, en voor een overzicht van het tekstmateriaal K.R. Nemet-Nejat, in: *A Scientific Humanist. Studies in Memory of Abraham Sachs* (Philadelphia 1988), 291vv. , 2 en 4.

52. Zie A. Goetze, *JCS* 16 (1962), 13vv.; Sauren, *op. cit.* (noot 42), 42vv.; *Walters 1972*, xix, 117 no. 88; M. Birot, *Tablettes d'époque babylonienne ancienne* (Paris 1970), no. 41; *UET* 5, nos. 855-856.

53. *AbB* 2, 4, 10; 147, 7; en *Walters 1972*, no. 31, geven nauwkeurig aan hoeveel grond verplaatst moet worden (eenheid: de oppervlaktemaat 1 s a r = 36 m², bij een diepte van 1 el). Op grond van zulke berekeningen kunnen briefschrijvers stellen dat het aantal arbeidskrachten voor een werk te gering is, in welk verband o.a. de termen *iškā-rum*, 'arbeidspensum' (*AbB* 2, 5, 10) en *adûm*, 'werk per mandag' (*ARM* 3, 3, 7 en 5, 27),

Minder duidelijkheid bestaat er t.a.v. de termen gebruikt voor diverse soorten dammen, stuwen, sluizen, 'regulators' en reservoirs of stuwbekkens[54]. Naast permanente, soms van baksteen gebouwde hydraulische constructies waren er bouwsels van tijdelijke aard, waarmee men afhankelijk van de waterstand voor waterverdeling of onderhoudswerkzaamheden kanalen, sloten, stuwbekkens en bevloeiingsbassins kon openen en sluiten. Vooral deze laatste werkzaamheden vereisten vaak een grote arbeidsinzet. Blijkens te Mari gevonden brieven worden voor het 'openen' van het 'Marikanaal' (dat ten noorden van die stad van de Eufraat aftakte) 'alle slaven en slavinnen, en alle jongens en meisjes' gemobiliseerd. Een andere tekst spreekt van 'het arbeidscommando van het district en de burgers van de stad Terqa', en een derde tekst van 200 à 300 man gedurende drie of vier dagen[55]. De leiding van dit werk berustte bij deskundigen, die 'afsluiters' (sēkirum) werden genoemd, gewaardeerde en moeilijk te vervangen specialisten[56]. Zij waren niet slechts actief bij de reguliere verdeling van het water, met het oog waarop een groter kanaal in étappes van water werd voorzien en de ervan aftakkende irrigatiekanaaltjes (atappum) successief geopend en gesloten werden, maar ook bij rampen, zoals dijkdoorbraken[57].

Een telkens terugkerende taak was het 'in orde brengen' van kanalen. Dit kan zowel op het reguliere onderhoud (jaarlijks, na het hoogwater?) als op meer ingrijpende herstelwerkzaamheden slaan. Als in teksten sprake is van 'graven' (herûm, b a l) zullen we vaak aan het tweede moeten denken,

---

gebruikt worden. *ARM* 6, 7, 8vv. vermeldt dat de *adûm* door administrateurs is 'berekend' (*uppušum*), waarvoor uiteraard in het veld opmetingen zijn gedaan (*šadādum*; *AbB* 2, 147, 6; *Walters 1972*, no. 66, 22)

54. De terminologie is omvangrijk, ontwikkelde zich in de loop der eeuwen en is lang niet altijd doorzichtig. Ze omvat naast veel nomina ook bijbehorende werkwoorden, zoals *šurdûm*, 'doen door/overstromen', *mahārum*, 'opstuwen', *ummudum*, 'met elkaar verbinden', *nuppušum*, 'ruimte geven, lozen' e.d. Zie, behalve de woordenboeken, *v. Laere 1980*, 36v., 44v.; *Stol 1980*; *Powell 1988*, 166v.; *v. Soldt 1988*, 115v.; *Steinkeller 1988*; *v. Driel 1988*, 136v.; *Waetzoldt 1990*; en *Durand 1990*, 132v.

55. Zie voor deze teksten ook J.D. Safren, *RA* 78 (1984), 132v., en *Durand 1990*, 124v., en vgl. J.-M. Durand in: *Mélanges offerts à Monsieur J.-R. Kupper* (Liège 1990), 156v. over *ARMT* 3, 6, 5vv.

56. Vgl. *AbB* 5, 136, 4; 10, 39; *ARMT* 14, 15 rev. in combinatie met 16, 6vv. (er zijn problemen, omdat een deskundige en haast onmisbare *sēkirum* in Mari in de gevangenis zit, vgl. 17:4vv.). Volgens *ARMT* 14, 15:11'vv. en 16:7 'is de Chabur zonder bekwame *sēkirum* verloren'. Zie ook *Kupper 1988*, 98.

57. Vgl. voor onderhoudswerkzaamheden en herstelwerk met name de brieven *ARM* 3, 1-11, 75, 76, 79; 6, 1-12. Voor werkzaamheden i.v.m. de regulatie en verdeling van het water, vooral door 'openen' en 'afdammen': *AbB* 1, 33; 127; 4, 19; 80; 85; 109; 5, 136; 224; 8, 27; 131; *ABIM* 28; *ARM* 13, 119

want de aanleg van geheel nieuwe kanalen was minder frequent en in zulke gevallen kreeg een kanaal meestal tegelijk een naam. Als het werkwoord 'uitbaggeren' (*haṭāṭum*) wordt gebruikt gaat het zeker om herstel. Soms verhelpt men incidentele verstoppingen, door instorting van een oeverwal, ophoping van drijfhout, takkebossen en riet, waardoor er een 'knoop', 'verstopping' (*kiṣrum*) ontstaan is, die slechts verwijderd moet worden (in twee dagen, volgens *ARMT* 3, 4, 10vv.). Het uitbaggeren van een verwaarloosd of door vloedwater dichtgeslibd kanaal daarentegen, 'is een zware klus', 'geen gering werk, een opgave (*adûm*; vgl. noot 52) voor een grote troep arbeiders' (*ARMT* 3, 5, 30 en 3, 3, 6vv.), omdat het kanaal 'geheel met modder (*ṭērum*) gevuld is'. Het aanvoerkanaal (*jābiltum*), waarvan *ARMT* 14, 14, 5vv. spreekt, 'werd lang geleden gegraven, maar is (sindsdien) nooit meer uitgebaggerd. Door de vloed van de Chabur is het nu tot de rand toe met modder gevuld, zodat er geen water meer [instroomt] al heb ik de sluis/regulator (*erretum*) hoger gemaakt dan in voorgaande jaren'[58]. De bij elkaar behorende brieven *ARMT* 3, 5 en 3, 79[59] laten zien wat zulke werkzaamheden in concreto konden inhouden. Het 'kanaal van Mari' (op de rechteroever van de Eufraat, vermoedelijk van Dura Europos tot Der ez-Zor), dat dichtgeslibd is, moet tot een diepte van één à anderhalve meter uitgegraven worden (*kalakkum*), riet in de bedding moet worden gemaaid, takkebossen en rijshout (*šūrum*) verzameld en verwijderd, en 'verstoppingen' (*kiṣrum*) opgeruimd. Akuut ingrijpen was nodig bij dreigende rampen, zoals de dijkdoorbraak, vermoedelijk in datzelfde kanaal, beschreven in een brief van de verantwoordelijke bestuurder die, hoewel hij ziek was, 's nachts in actie is gekomen om erger te voorkomen. Door afsluiting van de aftakkende irrigatiekanaaltjes (*atappum*) was het waterniveau verhoogd om het voor graanschepen bevaarbaar te maken, maar nu is er een bres ontstaan. Door water middels drainage (?) te lozen en de toevoer vanuit de Balich (wellicht hier dan naam van een wadi) af te sluiten (*sekērum*), zakt het niveau en kan de bres provisorisch gedicht worden (*sekērum*). De volgende dag zal het werk

---

58. Vgl. voor de functie van de *erretum*, *Durand 1990*, 113vv., die denkt aan een soort sluis met een overloop, die door het aanbrengen van planken op een bepaalde hoogte afgesteld kon worden.

59. Zie de verwijzingen in noot 54. Het dichtslibben of verzanden van het kanaal is verergerd, omdat het niet over een *muballiṭṭum* beschikt, die de modder naar de Eufraat zou kunnen lozen. Een dergelijke voorziening, gemaakt van stenen (volgens een jaarnaam van Zimrilim), hout of rijswerk, waarover *ARMT* 14, 13 uitvoerig handelt, kon blijkbaar dienen voor drainage, maar elders ook om het hoogwater van een kanaal of wadi te controleren. Dit wijst op een soort drainagebassins of reservoirs voor het opvangen of doorsluizen van overtollig water. Vlg. *Kupper 1988*, 96.

afgemaakt worden door het storten van aarde[60]. Bij dit sluiten van bressen en het tijdelijk afsluiten van reguliere in- en uitlaten van kanalen gebruikte men constructies van takkebossen, riet en palen, vergelijkbaar met het in onze waterbouwkunde bekende rijswerk[61]. Belangrijke sluizen en vaste regulators werden ook gemaakt van keien en baksteen en waren vermoedelijk voorzien van stroomkanalen, die met planken of schotten, verzekerd door afsluitbalken of palen, afgesloten konden worden[62]. Wij moeten waarschijnlijk aan zo'n constructie denken als het Babylonische zondvloedverhaal beschrijft hoe de vloed begint doordat 'Errakal de palen uittrekt en Ninurta het opgestuwde water laat doorstromen'[63].

De vraag volgens welke regels het water werd verdeeld is moeilijk te beantwoorden, omdat de teksten er vrijwel niets over mededelen, ook niet de talrijke Oudbabylonische oorkonden betrekking hebbend op verkoop en verpachting van land. Dergelijke teksten vermelden wel regelmatig rivieren en kanalen als grenslijnen, maar laten de irrigatie in het algemeen buiten beschouwing. Slechts een twintigtal van de vele honderden oorkonden die op akkers en tuinen betrekking hebben vermeldt expliciet uit welk irrigatie-

---

60. Zie voor deze brief B. Lafont, 'Nuit dramatique à Mari', in J.-M. Durand (ed.), *Florilegium marianum* (Mémoires de NABU 1, Paris 1991), 93-106; vgl. het geval beschreven in *AbB* 10, 41, rev. 6vv. en 42, 16vv.

61. Takkebossen, rijshout en riet, aangeduid als *šūrum*, werden gebruikt om bressen te sluiten, dijken en dammen te versterken en tegen erosie te beschermen, vooral ook bij het tijdelijk openen en sluiten van in- en uitlaten van kanalen (zie *v. Soldt 1988*, 116-118, en *Durand 1990*, 134v.; zie ook *YOS* 2, 130:4, geciteerd in *CAD* D 85a, 1'). Voor grote kanalen en bressen waren grote hoeveelheden nodig (90 ton in *ARMT* 14, 13) en wellicht werden ze ook verwerkt tot wat in Irak een *baṭḥa* werd genoemd, beschreven als 'een lange worst bestaande uit takkebossen en riet, samengebonden met snoeren gemaakt van palmribben, die in de rivier gerold werd', vgl. de afb. bij p. 436 van *Iraq and de Persian Gulf. Geographical Handbook* van de Naval Intelligence Division (London 1944), en de opmerkingen van M. Stol in *BiOr* 35 (1978), 219b, waar de Akkadische woorden *atātum* en *nagallu* als mogelijke equivalenten worden genoemd (of is bij het eerste te denken aan een soort zinkstukken?).

62. Zie *Postgate 1988*, 217v. over de 'regulator' van Tello en moderne parallellen in Jemen, en *Durand 1990*, 132vv. over de uit Mari bekende *erretum*.

63. Zie *Kupper 1988*, 99 en *Postgate 1988*, 220. Het Gilgamesj-epos noemt het 'uittrekken van de palen' als eerste handeling, de Atrachasis-mythe als tweede. De uitdrukking *mehram šurdûm*, hier vertaald met 'opgestuwd water laten doorstromen' (Lambert - Millard, *op. cit.*: 'make de dykes overflow'; Postgate: 'let the lock(s) flow out') komt precies zo voor in de brief *AbB* 10, 17, 6vv., waar de actie dient om de irrigatiesloten met water te vullen.

kanaal het veld in kwestie bevloeid wordt[64]. Dergelijke notities kan men opvatten als een beschrijving van een bestaande toestand en zo impliciet van een recht. Enkele malen vinden we de bepaling dat land verpacht wordt 'met/bij het openen van het *atappum*-kanaal', een uitdrukking die vermoedelijk het tijdstip aangeeft waarop de pacht de facto begint, maar die tevens impliceert dat de pachter over irrigatiewater kon beschikken. Omdat de brief *AbB* 2, 156, 6vv. melding maakt van een vonnis, dat verbiedt een akker 'die is verpacht met/bij het openen van het *atappum*-kanaal' weer af te nemen, impliceert deze uitdrukking blijkbaar ook dat de pachter zelf arbeid en kosten in het gereedmaken van zijn irrigatiesloot had geïnvesteerd[65]. Vermoedelijk was bij verpachting geen omschrijving van de waterrechten nodig, omdat die gekoppeld waren aan het genotsrecht, waar de pachter tijdelijk in trad. Het meestal ontbreken van preciseringen bij landverkoop moet wel verklaard worden uit het feit dat de waterrechten krachtens lokaal gebruik en bestuurlijke regelingen vastlagen.

In de Iraakse landbouwgemeenschap aan de Daghara werden de waterrechten uitgedrukt in *waqts*, perioden tussen zonsopgang en zonsondergang gedurende welke de watertoevoerbuizen - waarvan de doorsnee ook was vastgelegd - geopend mochten worden. De volgorde werd door het lot bepaald[66]. Voor het oude Mesopotamië mag men iets dergelijks veronderstellen. De belangrijkste indicatie in die richting is dat de Ur III-teksten die de irrigatie- en grondwerkzaamheden administreren dikwijls melding maken van werk gedurende één dag, i.v.m. het openen en sluiten van dammen, stuwen en dijken[67]. Een Oudbabylonische brief (*AbB* 8, 133) spreekt over

---

64. De teksten drukken dat op verschillende manieren uit: a) het veld 'drinkt water uit kanaal ...'; b) 'hij (koper/pachter) drenkt (bewatert) het veld uit kanaal ...'; c) 'irrigatiepunt/te irrigeren uit (*mašqītum*) kanaal ...'. Het gaat meestal om eenregelige formules, vaker in koopcontracten dan in pachtcontracten. Uitvoeriger zijn *TCL* 1, 63, 6v.; *TLB* 1, 218, 39v. en *TJDB* 44, 12'v., waar gesproken wordt van 'een *atappum*-kanaal dat water aanvoert'. Het vermelden van irrigatierechten is gebruik in Oudbabylonische oorkonden uit Susa, waar steeds formulering c) gebruikt wordt en het kanaal steeds een *atappum* is. In Oudbabylonische teksten vindt men hier ook het *namkarum*-kanaal of een met name genoemd kanaal.

65. Zie voor de teksten *CAD* A/2, 46a midden (met de noodzakelijke emendatie van de boven geciteerde brief). Dit kan verklaren waarom in de oorkonde *TLB* 1, 220, 9v. beloofd wordt niet te klagen over 'een geopend *atappum*-kanaal'.

66. Vgl. Fernea, *op. cit.* (noot 50), 127vv.

67. Voor de Ur III-periode, zie Sauren, *op. cit.* (noot 42), 71vv., 'Arbeiten beim Verteilen des Wassers', b, 1-4, en *Waetzoldt 1990*. Zie ook A. Falkenstein, *Die Neusumerischen Gerichtsurkunden* (München 1956), I, 140, voor de overtuiging dat in deze periode de waterverdeling door het paleis werd geregeld. Zijn teksten, nos. 111 en 130, zijn overigens procesoorkonden, waarin het paleis vonnis wijst in conflicten op dit vlak (no. 111 tussen een dorp en de stad Umma, vertegenwoordigd in hun schout en prefect).

het gedurende twee dagen aanvoeren van water. Enkele Oudbabylonische teksten geven ook getallen: *ARMT* 13, 142, 6v. meldt de weigering van een official om '2x60 water de geven' (de schrijver krijgt de boodschap dat hij zijn land maar met het 'water dat voorhanden is' moet irrigeren), en de brief *TCL* 18, 114; 8 spreekt van '5 duim water'. Maar het is niet erg duidelijk welke eenheid bedoeld is. In de brief uit Mari zou het om volume, wellicht op basis van de lengte van het met water gevulde *atappum*-kanaal kunnen gaan. In het andere geval om de hoogte van het waterniveau op het land (dat voor de irrigatie 'met water gevuld' kan worden), of in de irrigatiesloot. Een Nieuwbabylonische oorkonde specificeert naar tijd en duur: elke maand van de 12e tot de 15e dag[68].

Het is verhelderend hier te onderscheiden tussen de interne verdeling van het water van één toevoerkanaal tussen de boeren die daar gezamenlijk op aangewezen zijn, en verdeling op regionaal vlak. In het eerste geval zal de groep belanghebbenden, vaak een dorpsgemeenschap, zelf krachtens traditie en bestaande rechten de watervoorraad verdeeld hebben, met de mogelijkheid van beroep op een hogere autoriteit bij oneerlijke behandeling. De waterverdeling op regionaal vlak, d.w.z. het verdelen van het water uit rivieren en stuwbassins over het net van toevoerkanalen, was voorbehouden aan het openbaar gezag: stedelijke autoriteiten, koninklijke ambtenaren en rijksdiensten. Dit wordt bevestigd door het feit dat in de correspondentie uit deze rangen herhaaldelijk sprake is van afdammen en openen van kanalen en sluizen, en van doorleiden of stuwen van water[69]. Een schrijver vermeldt met zoveel woorden dat hij door zijn superieur op een bepaalde plaats geposteerd is om de rivierarm of het kanaal af te dammen en te openen[70]. In een onlangs opnieuw bewerkte brief uit Mari[71] wordt geklaagd over de problemen bij het verdelen van het irrigatiewater uit de Balich. De schrijver herinnert de koning eraan, dat het op diens bevel volledig beschikbaar zou komen voor het bevloeien van het landbouwareaal van de stad Tuttul (bij de

---

68. Vgl. ook de berekening van 'water in de sloten' in de mathematische teksten, *Powell 1988*, 165. De brief uit Mari spreekt niet van '2 duim' (2 š u . s i , zo *CAD* M/1, 125b, 1, a, 2'), maar '2 x 60' (2 *šušši*, vgl. *Kupper 1988*, 102[28]). Zie voor de Nieuwbabylonische tekst, *v. Driel 1988*, 136.

69. Vgl. de in noot 56 genoemde brieven, en voorts *AbB* 2, 149 (ṣummudum), 3, 74 (*šūtuqum*); ABIM 6 (*šutardûm*; *ṭehûm*). Volgens *AbB* 8, 27 heeft koning Rîm-Sîn vijf personen gestuurd om een kanaal af te sluiten. In de brief *JCS* 24 (1971), 67 no. 68 worden instructies gegeven hoe, nu het 'kanaal van Šaduppûm' (Tell Harmal) is 'geopend', gehandeld moet worden om te zorgen dat het water via de daarvan aftakkende sloten en kleine kanalen (*ikum* en *pattum*) de irrigatiepunten (*mašqītum*) bereikt.

70. *AbB* 5, 224

71. P. Villard, *MARI* 5 (1987), 591vv.

monding van de Balich in de Eufraat gelegen). Maar een ambtenaar heeft het water nu al in het noordelijker gelegen Zalpa afgedamd, en dat, naar zijn zeggen, niet op eigen gezag maar op instructie van zijn chef. De koning wordt gevraagd tussenbeide te komen, te meer daar van oudsher Zalpa ondergeschikt is aan Tuttul. Bovendien, 'bestaat er één rivier die door twee (verschillende) personen beheerd wordt?'. Er zijn nogal wat Oudbabylonische brieven waarin geklaagd wordt over het 'niet geven', 'afnemen' en 'tegenhouden' van water. Het is niet steeds duidelijk op welk niveau deze klachten spelen, omdat we afzenders en ontvangers vaak onvoldoende kennen. De geadresseerden zijn blijkbaar vaak hogere ambtenaren in het bestuursapparaat - soms ook de vorst zelf - van wie verwacht wordt dat ze effectief in de waterverdeling kunnen ingrijpen, bijv. door instructies te geven aan uitvoerende organen of personen. De schrijvers waren in de meeste gevallen zeker geen gewone boeren, maar eerder figuren die voor meer dan hun persoonlijke belangen opkwamen, al betrof het meestal waterverdeling op een lokaal niveau. In elk geval bewijzen deze teksten dat bestuursambtenaren ingrijpende beslissingen konden nemen inzake de waterverdeling[72].

Men heeft wel aangenomen dat het rijk van Ur III ook geldelijke inkomsten aan de irrigatie ontleende door betaling te vragen voor het water, dat staatsbezit zou zijn. Dit lijkt mij in deze vorm moeilijk houdbaar. De betalingen werden niet gedaan voor het water, maar in feite voor het verrichten van grondwerk - openen en sluiten van dammen en dijken - waardoor het water beschikbaar gemaakt werd. Voorts moet de bureaucratische achtergrond van de desbetreffende teksten niet uit het oog verloren worden. De betalingen worden verricht door rijksdiensten die landerijen beheren, aan de diensten waaronder het corvee- en grondwerk ressorteerde, welke beiden een afzonderlijke boekhouding voerden. De kosten van irrigatie kwamen, na omgerekend te zijn in zilver, in mindering op de opbrengst van de betreffende landerijen[73]. Gegevens die wijzen op betaling voor (toegang tot)

---

72. Vgl. de brieven behandeld door Rowton in *JCS* 21 (1967), 267vv.; *AbB* 3, 28; 73 (de š a b r a moet water geven); 74; 5, 176; 9, 78, 108, 115; 10, 16 ,17, 171; *ABIM* 6; en *JCS* 24, 66 no. 66. In dit verband valt ook te wijzen op brieven waarin de schrijvers verzoeken om elders land toegewezen te krijgen dat (wel) goed te irrigeren is, zoals *AbB* 4, 18 (brief van Hammurabi aan een van zijn gouverneurs, met de opdracht zo'n verzoek in te willigen). In *AbB* 4, 39 ontvangt dezelfde gouverneur opdracht de staatspachters extra water (*mē terdītam*) toe te wijzen, en in 23 moet hij voorkomen dat twee groepen van zulke pachters elkaar van het irrigatiewater beroven; no. 74 spreekt van 'iemand naar een kanaal verwijzen'.

73. Vgl. voor dit probleem Sauren, *op. cit.* (noot 42), 58[140], 71[205], 79[255]; J.-P. Grégoire, *Archives administratives sumériennes* (Paris 1970), 57 ad I, 4, en 111v.

irrigatiewater zijn in andere perioden schaars. Een Oudbabylonisch contract uit Kisj boekt een schuld van 10 sikkels zilver, 'water voor de akker', te betalen 'als de akker vol is met water'[74]. Het in deze en de voorafgaande Ur III-periode in pachtcontracten vermelde 'zilver als heffing op de akker' kan zeer wel slaan op een betaling door de pachter aan de eigenaar voor het onderhoud van het irrigatiesysteem en zo (indirect) voor het recht en de mogelijkheid zijn land te bevloeien[75]. Dat het primair om een vergoeding voor werkzaamheden en materialen ging kan men misschien afleiden uit het feit dat enkele Oudbabylonische pachtcontracten de pachter laten betalen voor 'de aarde van de akker'. Soms wordt ook vastgelegd dat de eigenaar de kosten zal betalen van 'aarde voor de oeverwal, stro en haksel/voer', een-maal omschreven als '(het verwijderen van de) modder en aarde voor de oeverwal'[76]. Betaling voor irrigatiewater is iets beter gedocumenteerd in de Nieuwbabylonische periode, waarbij we zowel de koning als tempels en particuliere (groot)grondbezitters als ontvangers tegenkomen. Dat de laatste twee waterrechten bezitten is een gevolg van het feit dat zij, vaak onder supervisie van de koninklijke administratie, ook zorgen voor aanleg en onderhoud. Dat zulke betalingen geregistreerd staan is te danken aan het feit dat 'de kanalen zelf, als economische factoren van de eerste orde, object werden van commerciële manipulaties' (Stolper). Kanalen konden, ook in onderdelen, verpacht en onderverpacht worden en dat gebeurde ook met het water zelf[77].

De bestuurlijke invloed van het rijk liet zich ook gelden t.a.v. aanleg en onderhoud van kanalen en waterwerken. Boven werd er reeds op gewe-zen dat beide als een koninklijk prerogatief werden beschouwd. Vooral sinds de Ur III-tijd zien we hoe allerlei werkzaamheden op dit vlak door ambtelijke instanties worden georganiseerd. Het rijk beschikte hiervoor over dienstplichtigen, die voor corvee konden worden ingezet, terwijl de onkos-

---

74. *RA* 54 (1960), 20 no. 27.

75. Zie *Waetzoldt 1990*, 11 over k ù m á š . a . š à . g a en de daar vermelde lite-ratuur.

76. Vgl. de modelcontracten uit de Oudbabylonische tijd in M. Roth, *Scholastic Tradition and Mesopotamian Law* (diss. Philadelphia 1979), kol. viii met het commen-taar, p. 131v., en de contracten *TCL* 1, 142; *YOS* 12, 436; *CT* 45, 120 (*ṭīr u eper kārim*). Vgl. de vermelding van betalingen voor 'grondwerk' en eenmaal 'irrigatie' (*šaqûtum*) geregistreerd door N. Yoffee, *Bibl. Mesop.* 5 (1977), 37v.

77. Zie *v. Driel 1988*, 129-135 en *Stolper 1985*, 36vv. Laatstgenoemde stelt dat in de betreffende periode, de vijfde eeuw v. Chr., de voornaamste onderdelen van het irriga-tie-netwerk het eigendom van de Perzische kroon waren. Zie voor de rechten van de tem-pels o.a. *BIN* 1, 44 (*v. Driel 1988*, 129), waar 'niemand uit het kanaal van de tempel water mag betrekken zonder (toestemming van) de Vrouwe van Uruk', d.w.z. de Eanna-tempel.

ten blijkbaar bestreden werden uit de opbrengsten van de op deze wijze van water voorziene landerijen, o.a. in de vorm van heffingen de beheerders of eigenaars opgelegd. De vorst en zijn organen konden voor omvangrijke en urgente ondernemingen behalve de bestaande werkteams (*ṣābum epištum*) ook de bevolking van een stad of streek recruteren (*šasûm; dekûm; kummusum*). Kibridagan, Mari's gouverneur te Terqa, roept voor het werk aan een Eufraatkanaal zo de burgers van Terqa op, terwijl ook het seminomadische element van de bevolking, te voren bij periodieke monsteringen geregistreerd, ingeschakeld wordt[78]. Koning Abiesjuh van Babel vraagt de autoriteiten van Sippar, tot herstel van de oeverwallen van het Irnina-kanaal, allen die ter plaatse land bezitten te recruteren, om samen met de dienstplichtigen van zijn garnizoen het werk aan te vatten[79]. Latere, Middelbabylonische landschenkingsoorkonden geven ons enig inzicht in de omvang van zulke corveetaken. Onder de immuniteiten van de ontvangers worden vermeld het ontslagen zijn van de verplichting zich te laten recruteren voor onderhouds-, herstel- en bedieningswerkzaamheden aan kanalen, oeverwallen, sluizen en stuwen van de koning en aan het irrigatiekanaal van de lokale dorpsgemeenschappen[80]. De rol van de paleisadministratie en de tempels t.a.v. beheer en onderhoud in de Nieuwbabylonische tijd is boven reeds genoemd. Men krijgt de indruk dat tijdens de Perzische overheersing de controle van de tempels over onroerend goed en kanalen steeds meer nominaal werd. In die periode zien we een reeks 'kanaal-managers' verschijnen, die blijkbaar als agenten van de kroon tot het bestuur der 'domeinen' behoren en belast zijn met onderhoud en beheer van kanalen en water. De bekende Murašû-firma betaalt aan hen de pacht voor waterrechten (die het op haar beurt weer doorverpacht aan haar boeren), en de managers zijn gemachtigd van lokale grondbezitters arbeiders te vorderen voor onderhoudswerkzaamheden[81].

Reeds een tekst uit de Ur III-tijd maakt duidelijk dat het bezit van grond langs en dus het gebruik van water uit een kanaal de juridische basis vormde voor de verplichting tot het verrichten van onderhoudswerk, vooral het uitbaggeren en in goede staat houden van de oeverwallen. Ook enkele

---

78. Vgl. *ARM* 3, 6 en voorts nos. 1-3, 7.

79. Vgl. *AbB* 2, 70; het paleis placht 4/5 van de oeverwallen te onderhouden, de stad 1/5. Vgl. voorts voor toewijzing of recrutering van arbeidskrachten *AbB* 1, 109; 2, 55; 147; 5, 136.

80. Vgl. F.R. Kraus in *Symbolae M. David*, II (Leiden 1968), 10v. (d)-(f), met 32v. Vgl. *ibid.*, 10v. sub (j) belangwekkende bepalingen betreffende het recht op onbelemmerde, ongedeelde en onverminderde toevloed van irrigatiewater.

81. Zie *v. Driel 1988*, 129vv., en voor Nippur in de 5e eeuw v. Chr. *Stolper 1985*, 37-45.

Oudbabylonische teksten suggereren of leggen die verbinding[82]. Hoever de bemoeienis van de publieke organen reikte is moeilijk vast te stellen. Vermoedelijk wel tot en met de toevoerkanalen die als een collectieve voorziening een gemeenschap van water voorzagen - kanalen die de autoriteiten i.v.m. een juiste waterverdeling of voor onderhoudswerk ook konden afsluiten. Voor de fijnere vertakkingen van het bevloeiingsnet naar en bij de individuele akkers waren de eigenaars of gebruikers wel primair verantwoordelijk, zoals dat ook bij Daghara het geval was[83]. De Codex Hammurabi acht het de plicht van de boer de dijken bij zijn akker goed te onderhouden, en stelt hem bij doorbraak verantwoordelijk voor de schade opgelopen door belendende velden (§ 53v.). Uit het bovenstaande (met noot 74 en 75) is duidelijk dat de situatie in de Oudbabylonische periode analoog was, echter met dien verstande dat blijkens de pachtcontracten soms tussen eigenaar en pachter geregeld werd, wie zulke onderhoudswerkzaamheden voor zijn rekening neemt. Naast bepalingen over 'de aarde voor de oeverwal' maken contracten melding van 'investeringen' (*mānahtum*), waarbij we aan arbeid en materiaalkosten moeten denken. Zulke 'investeringen' zijn normaal als het gaat om ontginning van nieuw land en daarbij valt dan stellig ook te denken aan de kosten van het aansluiten op het irrigatiesysteem, al wordt het werk zelden nader gespecificeerd. Soms zijn zulke 'investeringen' voor rekening van de eigenaar (*BE* 6/1, 83, 25), soms worden ze volgens een bepaalde verhouding (vaak 1:2) gedeeld, soms wordt de pachter schadeloos gesteld door hem een (extra) stuk land pachtvrij toe te wijzen[84]. Uitzonderlijk is *YOS* 12, 462, waar de pachter de taak krijgt een sloot te graven en een oeverwal op te werpen, waarvan de maten precies worden opgegeven (30 m. lang, 1 m. breed, 0,5 m. diep), een werk van ca. 20 mandagen.

---

82. Vgl. voor de Ur III-tijd de nog ongepubliceerde tekst BM 14616, zie Rowton, *op. cit.* (noot 27), 310; het werk wordt verricht onder verantwoordelijkheid van de e n s i . Vgl. voor de Oudbabylonische tijd *Walters 1972*, 13vv., al kan uit deze teksten daar niet worden bewezen dat de landeigenaars een heffing in gerst betalen als aandeel in het loon van de kanaalarbeiders 'in proportion to their acreage'. Dat landbezit normerend was voor de verplichting tot financiële bijdragen of tot corvee blijkt o.a. uit *AbB* 2, 55 en 70 waar tweemaal ṣabit eqlim gebruikt wordt; no. 147 spreekt van werkkrachten uit de dorpen die zich op de oever van het uit te baggeren kanaal bevinden.

83. In *AbB* 3, 11 schrijft de afzender dat hij voor de aanleg van een tuin (zelf) een *atappum* heeft gegraven; in *AbB* 4, 42 beklaagt de afzender zich bij de koning over het feit dat een hem door het gewestelijke bestuur toegewezen landerij hem weer is ontnomen, nadat hij er een *atappum* gegraven had.

84. Zie voor *mānahtum CAD* M s.v. en spec. *BE* 6/1, 23; *OECT* 8, 15; *YOS* 12, 543; en *ZA* 36, 95 BJ 89.

In *UET* 5, 212 (uit Ur) belooft de pachter de pachtsom te voldoen 'ongeacht (de schade veroorzaakt door) watervloed, overstroming, (herstel/onderhoud van het) irrigatiekanaal (*namkārum*) en (overige) investeringen'[85], en in *JCS* 14 (1960), 26 no. 54, waar een akker als onderpand wordt gegeven, is de pandgever(?) niet langer verantwoordelijk voor 'bron, kanaal, (en) stedelijke bepalingen'[86]. Het is duidelijk dat het hier primair gaat om rechten en plichten, maar men mag een stap verder gaan en aannemen dat deze nogal eens gebaseerd zijn op privé-bezit van de direct bij een akker aansluitende irrigatie-voorzieningen. Dat blijkt o.a. uit enkele erfdelingen, waar 'het bestaande *atappum*-kanaal' niet verdeeld is; zij (de erfgenamen) zullen er gezamenlijk uit irrigeren'[87]. Daarom kan ook in enkele contracten die betrekking hebben op ruil of verkoop van akkers gesteld worden dat de vorige eigenaar geen aanspraak mag maken op de irrigatievoorzieningen, waarbij genoemd worden 'het (geopende) *atappum*-kanaal', 'de oeverwal', 'de sloten (*ikum*)' en 'het irrigatiepunt (*mašqītum*)'[88]. Dat zal niet primair gericht zijn op het gebruik (de betreffende akker is immers geen eigendom meer), maar op eigendom, omdat men (later) zou kunnen beweren dat alleen de akker zelf en niet het aangrenzende kanaal met zijn oeverwal was verkocht. In dit licht mogen we ook het proces zien, volgens de oorkonde Gauthier, *Dilbat* no. 30 gevoerd tussen twee families over een 'tussensloot'. Indien hier al het recht in het geding was deze sloot voor irrigatie te gebruiken, dan berustte dit recht op eigendom, d.m.v. aanleg op land dat men in eigendom had. Men kan deze (unieke) sloot vergelijken met de vaak voorkomende 'tussenmuur', die een buurman zonder contract met degene die hem op zijn grond had gebouwd niet mocht gebruiken om er de balken van zijn huis op te leggen[89]. Natuurlijk kon de eigenaar van een irrigatiekanaal

---

85. Zie voor dit contract en voor de aanspraak van de eigenaar op volle pacht ook bij 'natuurrampen', H. Petschow, *ZA* 74 (1984), 182v. (zo'n clausule ook in *SOAC* 44 (1987), no. 60:7v., ca. honderd jaar vóór de Codex Hammurabi). Zie voor *YOS* 12, 462, G. Mauer, *op. cit.* (noot 46), 128.

86. Ik lees in r. 17 *i-de*¹, zoals in *UET* 5, 212, 13 staat.

87. *Tell Sifr* no. 68, 21-23, vgl. D. Charpin, *Archives familiales et propriété privée en Babylonie ancienne* (Genève 1980), 252.

88. De teksten zijn *CT* 48, 42, 31v. en *TLB* 1, 220, 1vv. De eerste tekst begint de reeks van eigendommen waarop geen aanspraak gemaakt mag worden met de akker zelf, de tweede tekst, die uitsluitend ten doel heeft de zaak van mogelijke claims op irrigatie-voorzieningen te regelen, begint in r. 9 met 'op het *atappum*-kanaal ...' en eindigt met 'op de akker', wat suggereert dat deze voorzieningen de facto als onderdeel van de akker werden beschouwd ('(d.w.z.) op de akker').

89. Vgl. J.G. Lautner, 'Rechtsverhältnisse an Grenzmauern', in: *Symbolae ... Paulo Koschaker* (SD 2, Leiden 1939), 76v.

een regeling treffen met een buur over het gebruik ervan, waarop een Oud-babylonische oorkonde betrekking heeft[90]. Dat de gevallen waarin dergelijke zaken in oorkonden vermeld worden zeldzaam zijn, bewijst dat ze meestal via het lokale gewoonterecht geregeld werden. Ook de wetsverzamelingen uit de Oudbabylonische tijd stipuleren niets over 'waterrechten'.

Hoe beheerde de overheid het irrigatienet? In het voorgaande zijn termen gevallen als rijksdiensten, openbaar gezag, bestuursambtenaren e.d., en het is wenselijk die zo mogelijk te concretiseren in de figuur van bepaalde functionarissen. Twee titels bieden zich hier aan: *gugallum* en *šāpir nārim*. De eerste, reeds in het derde millenium bekend, kennen we helaas beter uit literaire teksten dan uit administratieve oorkonden. De titel werd in de Oudbabylonische tijd nog slechts zelden gebruikt, behalve als epitheton van diverse goden, die met de waterhuishouding te maken hadden. Uit dit gebruik - vaak vindt men dat een god *gugallum* heet van een bepaalde rivier of een kanaal - en uit het voorkomen van een zo genoemde functionaris in iets later tijd in randgebieden als Nuzi en Susa kunnen we concluderen dat hij moest waken over rivieren, kanalen en dijken en bevoegdheden bezat t.a.v. de verdeling van irrigatiewater[91]. Hij is, aldus een spreekwoord, voor een kanaal even onmisbaar als een opzichter bij een groep arbeiders. Dat hij zich ook met de uitvoering van irrigatiewerkzaamheden inliet kunnen we misschien uit een ander spreekwoord afleiden, dat spreekt over een luie ezel die in beweging komt alsof de *gugallum* zich liet zien[92]. De Nieuwbabylonische 'kanaal-beheerders' zijn in het bovenstaande al ter sprake gekomen. In één geval verpacht zo iemand het recht op 'inkomsten als *gugallum*', wat vermoedelijk betekent de door pachters aan de *gugallum* te betalen heffing. Dit kan impliceren dat deze functionaris ook zelf onder de 'kanaal-beheer-

---

90. Szlechter, *TJDB*, p. 140, MAH 16342, waarvan alleen de eerste zes regels bewaard zijn: 'Het *atappum*-kanaal van A. - omdat B. geen irrigatiepunt (*mašqītum*) had zijn ze tot overeenstemming gekomen ...'

91. Vgl voor *gugallum CAD* G s.v. De oudere schrijfwijze is kù.gal (vgl. o.a. *MSL* 12, 58, Proto-Lú, 58). In Sumerische teksten, die gú.gal vanaf de Oudbabylonische tijd gebruiken, wil men het woord onderscheiden van gú.gal (=*ašarēdu*), 'eerste, voornaamste', vgl. A. Falkenstein, *ZA* 56 (1964), 58, en Sjöberg, *Der Mondgott Nanna-Suen* (Stockholm 1960), 120 ad 2. Vgl. voor de Oudbabylonische tijd Landsberger, *JCS* 9 (1955), 128[62]. Het woord komt als beroep niet voor in de kanonieke lijst Lú-*ša*, maar wel als epitheton van de koning (40); in de Nieuwbabylonische en Nieuwassyrische tijd komt het weer beperkt in gebruik.

92. Vgl. *JCS* 12 (1958), 45a no. 5, 51 met de opmerkingen van C. Wilcke, *JNES* 27 (1968), 233, 13. Vgl. ook het spreekwoord in W.G. Lambert, *Babylonian Wisdom Literature*, 229, IV, 16v.

der' (letterlijk: 'hij die gaat over de heffing van/voor het kanaal') ressorteerde.
De *šāpir nārim* is ons iets beter bekend. Zijn titel kwalificeert hem
als bestuurder van een rivier/kanaal, en hij komt een dozijn keer voor in
Oudbabylonische teksten. Hoewel hij krachtens zijn titel en blijkens een
brief als *AbB* 8, 131 - waarin sprake is van het openen en afdammen van een
kanaal - duidelijk bevoegdheden bezit t.a.v. het waterbeheer, is dat niet
zijn enige taak. Hij neemt ook beslissingen t.a.v. toewijzing van land, de
conscriptie en tewerkstelling van dienstplichtigen, en wordt ingeschakeld bij
rechtszaken. Dit wijst erop dat hij eerder gezien moet worden als een algemeen bestuurder van een niet-stedelijk, landelijk district, tot wiens competentie uiteraard ook de waterhuishouding behoorde[93]. Walters heeft zich in
zijn boek *Water for Larsa. An Old Babylonian Archive dealing with Irrigation* moeite gegeven de samenstelling en taken van een Oudbabylonisch
'irrigatiebureau' te reconstrueren. Hij heeft de drie voornaamste ambtenaren
enig reliëf weten te geven, hun taken afgebakend, en licht geworpen op de
procedures gevolgd bij het laten uitvoeren van aanleg- en onderhouds-werkzaamheden. Veel is hierbij echter onduidelijk gebleven, omdat de documentatie maar een fragment is uit een bestuurlijk archief, omdat persoonlijke en
ambtelijke bezigheden beide aan bod komen, en omdat we de functies en
rangen van de betreffende personen niet kennen. Ook in dit geval blijkt dat
de bestuurlijke en organisatorische taken veelzijdig waren, en zich behalve
op waterbeheer ook richtten op inzet van arbeiders, inning van heffingen,
aanvoer van materialen, contacten met uitvoerders e.a.[94].
Dit materiaal versterkt de indruk - reeds gevestigd door de correspondentie uit Mari en de ambtelijke briefwisseling van Hammurabi met zijn

---

93. Vgl. voor de *šāpir nārim* teksten als *AbB* 1, 129, 2; 158, 14vv.; 178; 6, 120,
13; 9, 50; *RA* 62 (1968), 19v. HE 191; *JCS* 14 (1960), 54 no. 88, 15 (in reeks functionarissen); *Laws of Eshnunna*, § 50. Het is zeer wel mogelijk dat bestuurders enkel aangeduid als *sāpirum* in feite *šāpir nārim* waren; of de *šāpir nārim* gelijk was aan de *abi nārim* in A 7552,8 en 7542, 12 is moeilijk uit te maken. Een š a b r a komt i.v.m. irrigatie voor in *JCS* 21, 273a (Sumerische brief) en *AbB* 3, 74.
94. Zie vooral zijn samenvatting op p. 143vv. Helaas is de lezing en interpretatie
van een aantal belangrijke teksten niet eenduidig, vgl. de vertalingen bij Rowton, *JCS* 21
(1967), 273v. en de opmerkingen van M. Stol, *BiOr* 28 (1971), 365vv. Met de laatste ben
ik van mening dat de hiërarchische volgorde van boven af was: Išar-Kūbi, Nūr-Sīn, Luigisa. Omdat de laatste centraal staat in het archief krijgen we maar een beperkt beeld van
de werkzaamheden van beide eersten, van wie er één mogelijkerwijze *šāpir nārim* was.
Kennelijk was een bepaald gedeelte van het irrigatie-net aan de zorg van Lu-igisa toevertrouwd, vooral t.a.v. uitvoerende taken; in tekst no. 36 beklaagt hij zich er over dat hem
een kanaal is afgenomen.

bestuursambtenaren - dat op hoger bestuurlijk niveau versnippering van bevoegdheden werd tegengegaan, en dat gewestelijke bestuurders een ruime taakstelling hadden, onder toezicht van het hof, en met gebruikmaking van een staf, waarin taken en bevoegdheden duidelijker verdeeld waren[95]. Het is amper verwonderlijk dat het waterbeheer een geïntegreerd onderdeel uitmaakt van het landelijke en gewestelijke bestuur. Het kon immers slechts functioneren binnen een geheel waarin ook t.a.v. landontginning, toewijzing van akkerland, produktie en aanvoer van bouwmateriaal, recrutering van dienstplichtigen, organisatie van landbouwwerkzaamheden plannen gemaakt en beslissingen genomen werden. Het reconstrueren van dit bestuursapparaat met zijn vele vertakkingen blijft een moeilijke en boeiende opgave van de assyriologie[96]. Gelukkig hebben de Mesopotamische schrijvers en klerken voor het vastleggen van de gegevens waar de bureaucratie belang bij had gebruik gemaakt van een medium dat uiteindelijk ook door het water is bepaald: het kleitablet. Hierdoor hebben zij hun pennevruchten een duurzaamheid geschonken, die het ons mogelijk maakt met behulp van geduldig archeologisch onderzoek en filologische analyse steeds meer te weten te komen van de kultuur én van hun land, én van die omringende landen, die in de oudheid dit schrijfsysteem hebben overgenomen. Dat biedt, in ieder geval wat het materiaal betreft, de assyriologie veelbelovende perspectieven.

BEKNOPTE BIBLIOGRAFIE MESOPOTAMIË

AbB	Altbabylonische Briefe in Umschrift und Übersetzung (Leiden)
ARMT	Archives royales de Mari; transcription, traduction (Paris)
BiOr	Bibliotheca Orientalis (Leiden)
BSA	Bulletin on Sumerian Agriculture (Cambridge), vols. 4-5 (1988-90), Irrigation and cultivation in Mesopotamia.
CAD	Chicago Assyrian Dictionary (Chicago)
JCS	Journal of Cuneiform Studies (New Haven)
JNES	Journal of Near Eastern Studies (Chicago)
RA	Revue d'Assyriologie (Paris)
ZA	Zeitschrift für Assyriologie (Leipzig/Berlin)

---

95. Wat niet betekent dat die voor ons duidelijk zijn. Ook Walters moet toegeven (p. 146) dat de rol van Lu-igisa onduidelijk blijft.

96. Er zijn veel detailstudies beschikbaar, maar een samenvattende analyse over een thema als 'bestuur en bestuursambtenaren in de Oudbabylonische tijd' ontbreekt.

R. McAdams, 'Settlement and Irrigation Patterns in Ancient Akkad', in: McG. Gibson, *The City and Area of Kish* (Coconut Grove, 1972), App. V, 182-208.

F. Carroué, 'Le "Cours-d'eau-allant-à-NINA^{ki}"', *Acta Sumerologica* (Hiroshima) 8 (1986), 13-57.

M.P. Charles, 'Irrigation in Lowland Mesopotamia', *BSA* 4, 1-39

J.-M. Durand, 'Problèmes d'eau et d'irrigation au royaume de Mari: l'apport des textes anciens', in: B. Geyer (ed.), *Techniques et pratiques hydro-agricoles traditionelles en domaine irrigué*. Colloque de Damas 1987, I (Paris, 1990), 101-142.

B.H. Hruška, 'Die Bewässerungsanlagen in den altsumerischen Königsinschriften von Lagas', *BSA* 4, 61-72.

R.C. Hunt, 'Hydraulic management in Southern Mesopotamia in Sumerian Times', *BSA* 4, 189-206.

J.-R. Kupper, 'L'irrigation à Mari', *BSA* 4, 93-103.

D. en J. Oates, 'Early irrigation agriculture in Mesopotamia', in: G. de Sieveking e.a; (eds.), *Problems in Economic and Social Archaeology* (London, 1976), 109-136.

J.N. Postgate e.a., 'Canals and bunds, ancient and modern', *BSA* 4, 207-221.

M.A. Powell, 'Salt, salinity, and yields in Sumerian agriculture. A critique of the theory of progressive salination', *ZA* 75 (1985), 7-38.

M.A. Powell, 'Evidence for agriculture and waterworks in Babylonian mathematical texts', *BSA* 4, 161-172.

J. Renger, 'Rivers, watercourses and irrigation ditches and other matters concerning irrigation based on Old Babylonian sources', *BSA* 5, 31-46.

P. Steinkeller, 'Notes on the irrigation system in third millenium Southern Mesopotamia', *BSA* 4, 73-92.

M. Stol, 'Kanal(isation), A Philologisch', *Reallexikon der Assyriologie* 5 (1976-80), 355-365.

M.W. Stolper, *Enterpreneurs and Empire. The Murašû archive, the Murašû firm, and Persian rule in Babylonia* (Istanbul, 1985).

G. van Driel, 'Neo-Babylonian Agriculture. II, Rivers, canals and land: irrigation', *BSA* 4, 124-159.

R. van Laere, 'Le droit hydraulique selon la législation néobabylonienne', *Orientalia Lovaniensia Periodica* 8 (1977), 63-74.

R. van Laere, 'Techniques hydrauliques en Mésopotamie ancienne', *Orientalia Lovaniensia Periodica* 10 (1979), 11-53.

W.H. van Soldt, 'Irrigation in Kassite Babylonia', *BSA* 4, 104-120.

H. Waetzoldt, 'Zu den Bewässerungseinrichtungen in der Provinz Umma', *BSA* 5, 1-29.

S.D. Walters, *Water for Larsa. An Old Babylonian archive dealing with irrigation* (New Haven, 1970).

HET BELANG VAN ARCHEOLOGISCH ONDERZOEK NAAR DE PALESTIJNSE LANDBOUWTERRASSEN[1]

C.H.J. de Geus

In 1963 schreef de helaas te vroeg overleden Paul Lapp in een buitenge-woon interessant artikel 'Palestine Known but Mostly Unknown':
'De Palestijnse archeologie staat nog in haar kinderschoenen en heeft een open en veelbelovende toekomst'[2]
Lapp betoogde dat er nog steeds heel veel archeologische plaatsen liggen te wachten op archeologisch onderzoek of opgraving, en dat dit aantal ieder jaar groeit. Maar er is niet alleen nog veel te doen, verbeterde organisatie en samenwerking zou tegelijkertijd onze inspanningen veel efficiënter maken.

Wanneer men deze stimulerende zinnen, die zo'n dertig jaar geleden zijn geschreven, leest en herleest kan men het er nauwelijks mee oneens zijn. En als Lapp's wensen waren vervuld, zouden er meer sites zijn geïden-tificeerd, meer muren, poorten, huisplattegronden, schachtgraven uit de Midden Bronstijd I en misschien tempels zijn opgegraven en over sommi-gen van hen zouden zelfs de (opgravings)verslagen zijn gepubliceerd. Dat zou een hoop nieuwe ceramiekvondsten met zich mee hebben gebracht, en ongetwijfeld zouden sommige van die scherven ostraka zijn geweest. Kortom: het zou onze kennis over een in wezen klein aantal archeologische feiten aanzienlijk hebben vergroot. In de begintijd van de Palestijnse archeo-logie strekte dit vakgebied zich niet verder uit dan tot een zeer beperkte vorm van nederzettingsarcheologie. De onderzochte objecten buiten het (vak)gebied van de nederzettingsarcheologie bleven voornamelijk beperkt tot grotten, geïsoleerde gebouwen en graven, of aquaducten. Lapp begint zijn artikel met de bekende opmerking:
'Palestina (de westelijke oever van de Jordaan en het huidige Israël) is misschien het land waar de meeste opgravingen plaatsvonden'[3].
Ik zou deze opmerking graag willen afzetten tegen een andere, die meer dan dertig jaar eerder gemaakt is, toen de Palestijnse archeologie a.h.w. nog in de wieg lag:
'Terwijl er waarschijnlijk geen ander land in de wereld te vinden is dat zo diepgaand is bestudeerd vanuit archeologisch en historisch oogpunt als Palestina, is het zeker dat in geen van de beschaafde landen er zo'n

---

1. Vertaling van: C.H.J. de Geus, 'The Importance of Archaeological Research into the Palestinian Terraces with an Excursus into the Hebrew Word *ghi*, in: *Pal. Explor. Quartery*, Vol. 107 (1975) 65-74. Het artikel werd door de schrijver voor deze bundel bewerkt. De vertaling is van de hand van Mej. C. Kruyshaar.
2. *BA*, 26 (1963), 134.
3. Ibid., 121.

Plaat 1. Luchtfoto van het landschap ten noordwesten van Jeruzalem (bij Beth Horon). Op deze foto is duidelijk te zien hoe in cultuur gebrachte, kunstmatige terrassen, liggen tussen de 'natuurlijke terrassering' die het gevolg is van de afwisseling van hardere en zachtere steensoorten. De weg loopt over de kammen en volgt een eeuwenoud tracee. Ook de dorpjes liggen hoog, om de hellingen vrij te houden voor landbouw.

totale verwaarlozing is geweest van objecten die betrekking hebben op de landbouw'[4].

Deze stelling is zowel waar als niet waar. Ze is niet waar omdat in de publikaties van onderzoekers van Palestina vóór 1930 vele waardevolle observaties staan die betrekking hebben op de antieke en de toenmalige landbouw. Ze is waar omdat de belangrijkste publikaties over de Palestijnse landbouw pas zouden worden gepubliceerd nadat Strahorn deze regels had geschreven[5]. Ze is ook waar omdat tot nu toe archeologen en historici heel weinig interesse hebben getoond in de oude landbouw van Palestina en zijn materiële resten. In de meeste gevallen, bijvoorbeeld in bijbelcommentaren, is men tevreden met analogieën met de huidige Arabische landbouw zoals bijvoorbeeld verzameld door Dalman, alsof er geen materiële overblijfselen beschikbaar zijn die kunnen worden onderworpen aan archeologisch onderzoek. De Negev was lange tijd het enige gebied waar de antieke landbouw systematisch is onderzocht. De landbouw die daar in de oudheid werd bedreven met behulp van irrigatie d.m.v. van de hellingen afstromend en opgevangen regenwater, is gereconstrueerd door archeologen, biologen en geografen. Deze reconstructies dienen nu als uitgangspunt voor een belangrijk stuk kleinschalig ontwikkelingswerk, onder andere in de Sahel-landen en in Afghanistan. Ze kregen daardoor een belang dat ver uitstijgt boven het beperkte vakgebied van de Palestijnse archeologie[6]. De enige uitzondering buiten de Negev was lange tijd een kort onderzoek in 1955 naar de overblijfselen van landbouw in de Buqei°ah, ten zuidoosten van Jeruzalem, door F.M. Cross en J.T. Milik[7].

Mede naar aanleiding van de oorspronkelijk Engelse versie van dit artikel uit 1975, begon o.l.v. Gershon Edelstein aan het einde van de 70'er jaren een archeologisch onderzoek naar de landbouwterrassen ten westen en ten noorden van Jeruzalem (*plaat 1*).

---

4. A.T. Strahorn, "Agriculture and Soils of Palestine", *The Geographical Review*, 19 (1929), 581-602. Het citaat staat op blz. 581.

5. De acht delen van G. Dalman, *Arbeit und Sitte in Palästina*, verschenen tussen 1928 en 1942.

6. M. Evenari et al., "Ancient Agriculture in the Negev", *Science*, No. 3457, Volume 133 (1961), 979-96; Y. Kedar, *Hahaqla'ut haqqeduma behare hannegeb*, Jerusalem, 1967; M. Evenari, L. Shanan, N. Tadmor, *The Negev. The Challange of a Desert*, Cambridge (Massachusetts) and London, 1971.

7. De resultaten werden gepubliceerd in *BASOR*, 142 (1956), 5-17, en *BA*, 19 (1956), 12-17. Maar Cross en Milik waren ook in eerste instantie geïnteresseerd in oude nederzettingen. Echter, de vondsten die toen werden gedaan stimuleerden L.E. Stager om de Buquei ah opnieuw te bezoeken in 1972 om de oude irrigatielandbouw te bestuderen die daar werd bedreven. Cf.*BASOR-Newsletter*, No. 2 van 1972-73. Er is geen verslag van verschenen, maar een kort bericht van zijn bevindingen kan worden gelezen in *Archaeology*, 27 (1974), 58.

De landbouwterrassen zijn door iedere bezoeker aan de centrale heuvels waar te nemen. Vooral in de bezette gebieden waren tot voor kort vele goed onderhouden terrassen te zien, bijvoorbeeld in het gebied rondom Hebron. Het is mijn bedoeling om aan te tonen dat het bestuderen van deze terrassen niet alleen belangrijk is voor onze kennis van de eigentijdse Arabische landbouw of voor de beschrijving van het gebied, maar ook voor de archeologie en zelfs voor de geschiedenis en de filologie.

Vóór ongeveer 1950 vinden we alleen incidentele opmerkingen over dit zeer in het oog lopende kenmerk van het Palestijnse landschap: de terrassen. G. Dalman vermeldt ze eigenlijk alleen op twee bladzijden van Deel II van zijn *Arbeit und Sitte*[8] en zijn informatie daar is beperkt tot een opsomming van de moderne Arabische technische termen, of is niet correct[9]. De moderne wetenschappelijke beschrijving en het onderzoek naar de landbouwterrassen begon in Israël en werd op gang gezet door de geograaf Professor D.H.K. Amiran[10]. Het echte werk werd en wordt vandaag de dag nog steeds gedaan door zijn leerling Zvi Ron, aanvankelijk van de Universiteit van Haifa, nu al jaren verbonden aan de Universiteit van Tel Aviv. Een samenvatting van Ron's werk in de bergen van Judea is in het Engels verschenen[11]. Doordat de best onderhouden en bewaarde terrassen te vinden zijn in de bezette gebieden, begon het onderzoek daar meteen na 1967.

---

8. Deel II (Gütersloh, 1932), 23-4. De irrigatie van de geterrasseerde tuinen wordt behandeld op blz. 233-41 van hetzelfde deel. In zijn andere beroemde boek *Jerusalem und sein Gelände* (Gütersloh 1930), worden de terrassen nauwelijks genoemd. Ook John Bradford klaagt in zijn *Ancient Landscapes* (London, 1957), 29, erover dat dit zo opmerkelijke kenmerk van het Mediterrane landschap zo weinig bekend is.

9. Wanneer Dalman het voorschrift van de rabbijnen vermeldt dat het graan voor het vleesoffer moet komen van de terrassen die op het zuiden zijn georiënteerd, verklaart hij deze regel door te zeggen dat de zuidelijke terrassen meer zonlicht vangen en daardoor het eerst en het best vrucht dragen (blz. 24). Op dezelfde bladzijde, in voetnoot 2, laat hij zien dat tenminste de rabbijnse schrijvers de juiste reden wisten: de zuidelijke hellingen zijn zelden geterrasseerd vanwege het gevaar voor uitdroging en om dezelfde reden in de meeste gevallen niet geïrrigeerd. Meel voor het offer moet "natuurlijk" zijn gegroeid en niet door mensenhand met behulp van irrigatie. A.G. Barrois, *Manuel d'Archéologie Biblique*, Volume I, Paris 1939, behandelt de terrassen helemaal niet.

10. D.H.K. Amiran, "The Pattern of Settlement in Palestine", *IEJ*, 3 (1953), 65-78, 192-209, 250-60. Zie ook, "Land Use in Israel", in D.H.K. Amiran, ed., *Land Use in Semi-Arid Mediterranean Climates. Unesco Arid Zone Researche*, Paris, 1964.

11. Z. Ron, "Agricultural Terraces in the Judean Mountains", *IEJ*, 16 (1966), 33-49 en 111-22; "Hammelunōt beharē jehūdā", *Teba'wā'āres*, 8 (1966), 228-31; "Madregōt šelahīn behārē jehūdā", *Teba'wa'ārēs*, 8 (1966), 255-61; "Betar - hakfaruma'arakōt madregōt haššelahin", *Teba'wā'āres*, 10 (1968), 112-29. Cf. ook N.N. Lewis, "Lebanon - The Mountain and its Terraces", *The Geographical Review*, 43 (1953), 1-14.

Plaat 2. Verwaarloosde landbouwterrassen.

De belangrijkste doelstellingen van het moderne onderzoek naar terrassen zijn:

1. Het beschrijven van de huidige situatie. Op veel plaatsen, vooral in Israël, verdwijnen de terrassen snel. Ze worden verwijderd ten bate van moderne landbouwmethoden, bedekt met nieuw bos of vernietigd ten gevolge van moderne bouwactiviteiten.

2. Inzicht krijgen in het functioneren van de terrassen en in de landbouwtechnieken die gebruikt werden.

3. Het traceren van wateraders en bronnen. Al in een vroeg stadium werd duidelijk dat de terrassen en vooral de geïrrigeerde terrassen gesloten systemen vormden; systemen die afhankelijk waren van de geologische en hydrologische situatie ten tijde van de bouw. Daarom zagen hydrologen het belang in van de terrassen bij hun speurtocht naar oude wateraders en irrigatiesystemen.

4. Het uitbreiden van de mogelijkheden van landbouw. In een later stadium kregen de landbouwkundigen ook belangstelling voor de terrassen omdat het duidelijk werd dat men niet straffeloos terrassen met bulldozers van de Palestijnse hellingen kan verwijderen om de 'moderne landbouw' te introduceren. Alleen door het begrijpen van de oude methoden kunnen we ze verbeteren.

Wat betreft de overige resultaten kunnen de volgende opmerkingen worden gemaakt: vergelijking van de huidige situatie met oudere luchtfoto's[12] laat zien dat (a) de gebieden die bedekt waren met terrassen vroeger veel uitgebreider waren dan de terrassen die nu feitelijk in gebruik zijn; (b) vanwege economische en politieke redenen is er een continue schommeling in de omvang van de gecultiveerde terrassen. Zelfs de periode tussen de Eerste

---

12. Bijvoorbeeld: G. Dalman, *Hundert deutsche Fliegerbilder aus Palästina*, Gütersloh 1925. De foto's zijn gemaakt in 1917-18.

13. De meeste publicaties over dit onderwerp gaan over Judea. Na 1967 werden ook andere gebieden bestudeerd, maar tot nu toe blijft Judea het best bekende gebied.

Wereldoorlog en nu laat opmerkelijke veranderingen zien. In de bergen van Judea[13] stijgt het verschil tussen de omvang van het gebied met werkelijk in gebruik zijnde gecultiveerde terrassen en het gebied dat sporen draagt van terrassering in het verleden van 40 naar 90 procent (van het totaal van het geterrasseerde land)[14]. In het gebied rondom Jeruzalem was niet minder dan 56,4 procent van het totale Israëlische gebied vroeger geterrasseerd[15]. Dit duidt op een zeer intensief gebruik van het land. Deze periode met de grootste uitbreiding van de Palestijnse landbouw ligt in het verleden (*plaat 2*).

Zoals algemeen bekend is, is het probleem van de landbouw in Palestina één van grond en water, en in mindere mate bleek het ook een probleem van afstand te zijn. De enorme inspanning(en) om de berghellingen te terrasseren werd(en) ondernomen om:

a. Een doorlopende helling om te vormen in een serie horizontale percelen of terrasvlakken.

b. (Afvloeiings)erosie tegen te gaan en de ophoping van grond en water te bevorderen.

c. Stenen kwijt te raken en een vlakke bovenlaag van bewerkbare grond te vormen. De stenen worden gebruikt om de terrasmuren en andere bouwsels die de terrasmuren aanvullen te bouwen[16]. Deze derde reden is verbonden met het ploegen[17].

d. Het transport en verspreiding van het irrigatiewater in het geval van met bronwater geïrrigeerde terrassen te vergemakkelijken[18].

In verscheidene gevallen werden terrassen gebouwd op plaatsen waar mindere kwaliteit van de grond, steilheid van de helling etc. werden gecompenseerd door de kortere afstand tot de nederzetting. Een uitzondering is de beschikbaarheid van water. Men kan rondom een bron kleine geterrasseerde

---

14. D.H.K. Amiran, "Land Use in Israel", 102.
15. Z. Ron, "Agricultural Terraces in the Judean Mountains", 121.
16. Volgens Ron, op. cit., 34. Voor alle technische en geologische détails van de terrassen wordt de lezer verwezen naar Ron's publicaties.
17. G.W.B. Huntingford, "Ancient Agriculture", *Antiquity*, 6 (1932), 237-337.
18. Geïrrigeerde terrassen worden niet alleen aangetroffen langs hellingen, maar ook in beddingen van wadi's.

gebieden vinden, die kleine landbouwenclaves vormen in een omgeving met minder gunstige omstandigheden, op een aanmerkelijke afstand van een dorp. Water was het grootste probleem. De belangrijkste conclusie van Ron is dat de gebieden met geïrrigeerde terrassen, gesitueerd rond een bron, 'waren gebouwd als een complete eenheid die van tevoren ontworpen was'[19]. Dergelijke vanuit een bron geïrrigeerde eenheden vormden de kern van een veel uitgebreider gebied met droge landbouw[20]. Het gebruik van het land in deze geterrasseerde gebieden van de bergen van Judea was totaal ondergeschikt gemaakt aan de beschikbaarheid van water en vruchtbare grond. Uit de Misjna is bekend dat vruchtbare grond van grote afstand naar terrassen gebracht werd die dicht bij een dorp lagen. (Misjna Sjeb 63,48) Edelstein heeft nu ook archeologisch aangetoond dat de grond van terrassen van elders is aangevoerd[21]. Dit betekende onder meer dat het terrein voor de bouw van nederzettingen werd gezocht op plaatsen die niet of minder geschikt waren voor terrassering, en in ieder geval bóven een bron[22]. Daarom kan dit algemeen bekende fenomeen van hooggelegen dorpen niet langer meer gezien worden als een beveiligingsmaatregel alleen. In vele gevallen geldt hetzelfde voor het ontstaan van paden en zelfs wegen tussen nederzettingen. Ze ontstonden op bergkammen of stenige richels die niet konden worden gebruikt voor terrassering. Men moet zich realiseren dat in vroeger tijden transport per wagen van geen enkele betekenis was[23]. Alleen op deze manier was het voor de boeren van Judea mogelijk om op sommige plaatsen meer dan de helft van het totale grondoppervlak te gebruiken[24].

Volgens mij moet dit een aantal consequenties hebben. Allereerst voor de archeologie. De vooronderstelling dat de terrassen al in de oudheid werden gebouwd is mogelijk het intrappen van een open deur. Inderdaad kan men dit lezen in veel boeken over landen rond de Middellandse Zee. Maar

---

19. Ron, op. cit., 111.
20. Ron, op. cit., 111.
21. G. Edelstein and Y. Gat, "Terraces around Jerusalem". *Israel, Land and Nature*, 6 (1981), 72-78.
22. Ron, op. cit., 120-2.
23. Wat betreft de kwestie van nederzettingen en communicatie in de geterrasseerde gebieden - die vrijwel het gehele oude Judea en Samaria bedekken - brengt Ron belangrijke correcties aan op de traditionele inzichten die nog steeds in praktisch elk handboek worden aangetroffen. Hij corrigeert ook Amiran, "Pattern of Settlement in Palestine", *IEJ*, 3 (1953), 203, die nog steeds de veiligheidsoverwegingen benadrukt. Ron, op. cit., 121.
24. Hierboven, blz. 79.
25. John Bradford, "Ancient Field Systems on Mount Hymettos, near Athens", *The Antiquaries Journal*, 36 (1956), 172-80.

niemand weet hoe oud ze eigenlijk zijn, of zelfs hoe ze te dateren. In ieder geval is het zelden geprobeerd. De eerste poging voor zover ik weet om tot een archeologische datering te komen, werd gedaan d.m.v. scherven die waren gevonden onder en tussen de stenen van terrasmuren in Griekenland[25]. Terrasmuren zijn gebouwd op de rotsbodem en bestaan uit opgestapelde stenen, zonder fundering of cement. Wanneer het regent werken de muren als zeven: ze laten het water langzaam door de openingen tussen de stenen sijpelen. Op deze manier wordt erosie vermeden. Maar kleine voorwerpen zoals scherven of munten kunnen gemakkelijk inspoelen, zelfs tussen de onderste stenen en de rotsbodem. Datering op grond van ceramiek is in deze gevallen altijd voorlopig en geeft niet meer dan een *terminus ad quem*. Daarom kan men alleen maar hopen op een relatieve datering van enkele muren door ingespoelde voorwerpen, of wanneer ze gesneden worden door een dateerbaar bouwwerk. Men moet echter veel alerter zijn op deze tweede mogelijkheid.

Nu, in 1991, beschikken we over iets meer gegevens. We weten nu dat terrasmuren waarvan het onderste deel bestaat uit verticaal geplaatste grotere stenen opgevuld met kleine stenen, uit de IJzertijd stammen (vóór 500 v. Chr.). Muren van ruw vierkant behakte stenen, gelegd op laagjes kleinere steentjes om ze op één lijn te krijgen, zijn Byzantijns (IVde - VIIIste eeuw A.D.). Drie andere muurtypen zijn nog niet te dateren[26]. Hoewel we dus iets meer weten over de terrasmuren, blijft het het veiligst om bij de datering uit te gaan van de installaties die gebouwd of uitgehakt werden ten dienste van de irrigatie en vooral van de watertunnels. We hebben namelijk gezien dat de terrassen die worden geïrrigeerd vanuit een bron, de kern vormen van de terrassering van het gehele gebied. Een gelukkige omstandigheid is dat verscheidene irrigatiewerken inderdaad relatief dateerbaar zijn. In de twee voornaamste valleien zuidwestelijk van Jeruzalem, de nahal Refa'im en de nahal Soreq, dragen verscheidene installaties, zoals tunnels, de sporen van reparaties die dateren uit de tijd van Herodes[27]. Een

---

26. Cf. Z. Ron, "Madregōt šelaḥīn behārē jehūdā", *Teba'wā'āres*, 8 (1966), 255-61.
27. Zie weer het artikel van Edelstein en Gat.
28. Op. cit., 113. Tegenovergesteld aan de conclusie van de opgravers, maar Ron heeft zeker gelijk. R. de Vaux et A.M. Stève, *Fouilles à Qaryet El Enab, Abu-Gosh, Palestine*, Paris 1950, 37-9. In de oudere archeologische literatuur over Palestina is veel aandacht besteed aan de bronnen, putten, waterleidingen, tunnels, etc. Over het algemeen is er een communis opinio dat veel van deze installaties dateren uit voor-Romeinse tijd. Cf. ook S.J. Saller, *Discoveries at St, Johns's, 'Ein Karim*, Jerusalem 1946, 8, noot 5, over de watertunnel van dat dorp, met een verwijzing naar een verslag van Macalister in de *PEQ (QS)*, 36 (1904), 252, en Mader in *ZDPV*, 37 (1914), 37, noot 1.

aantal van deze installaties functioneert nog steeds. Bijgevolg moet het systeem teruggaan tot een tijd vóór Herodes. In zijn artikel in de *IEJ* geeft Ron het voorbeeld van een Frans klooster bij Abu Gosh, waar een oudere irrigatietunnel was afgesneden ten gevolge van de bouw van een groot reservoir door de Romeinen[28]. Een ander, beroemder voorbeeld is de Qidronvallei met de Gihonbron in Jeruzalem. De terrassen met hun tuinen in de Qidronvallei, die in de oudheid zo'n 3 meter onder het huidige niveau lagen, werden van water voorzien door de bron Gihon. Om die reden werden twee opeenvolgende waterkanaaltjes of leidingen gehakt in de oostelijke helling van de heuvel Ophel. Door deze leidingen werd het water van de bron zuidwaarts langs de helling getransporteerd, grofweg hoogtelijn 2109 volgend op de kaart van Macalister en Duncan[29]. In de leidingen waren zijopeningen gemaakt waardoor de lagergelegen tuinen werden bevloeid. Dit systeem dateert duidelijk van vóór de beroemde Siloamtunnel uit ongeveer 700 v. Chr. Algemeen is men het erover eens dat de leidingen dateren uit Voordavidische tijden[30]. Men kan het daarom met Ron eens zijn wanneer hij aanneemt dat de meeste van zulke irrigatiesystemen 'niet later dan aan het eind van de periode van de Tweede Tempel zijn gebouwd'[31]. Hieruit volgt dat men veilig aan kan nemen dat de verbreiding en het gebruik van landbouwterrassen haar hoogtepunt bereikte in de Romeinse en Vroeg-Byzantijnse perioden. Dat valt samen met het hoogtepunt van de landbouw in de Negev in de eerste helft van het eerste millennium A.D. Politieke en economische omstandigheden moeten toen erg gunstig geweest zijn. Er waren dus gedurende de hele Oudtestamentische periode in Palestina irrigatiewerken en terrassen in gebruik. Rond de tiende eeuw voor onze jaartelling werd landbouw op terrassen in wadibedden in de Negev geïntroduceerd als een uitbreiding van de technieken die al toegepast werden in het noordelijke deel van het land. Pas in een latere fase werden deze aangepast aan de spe-

---

29. R.A.S. Macalister en J. Garrow Duncan, *Excavations on the Hill of Ophel, Jerusalem*, 1923-25 , *APEF*, 4 (London, 1926); ook C. Schick in *PEQ*, 18 (1886), 88-91 en 197-200, *PEQ*, 34 (1902), 29-35; E.W.G. Masterman in *PEQ*, 34 (1902), 35-8; H. Vincent, "Les récentes fouilles d'Ophel", *RB*, 8 (1911), 577-91 en *RB*, 9 (1912), 551-74. De meest recente studies van de waterwerken van Jeruzalem zijn die van J. Wilkinson, "Ancient Jerusalem: its Water Supply and Population", *PEQ*, 106 (1974), 33-51; en A. Issar, "The Evolution of the Ancient Water Supply System in the Region of Jerusalem", *IEJ*, 26 (1976), 130-137.

30. Kanaaltje 1 lijkt van latere datum dan kanaaltje 2 en kan dateren uit de regeerperiode van Salomo. Een Late Bronstijd datering voor kanaaltje 2 lijkt zeker. Barrois, *Manuel I*, 231; Hanna Blok en Margreet Steiner, *De onderste steen boven. Opgravingen in Jeruzalem*, Kampen 1991.

31. Ron, *IEJ*, 16 (1966), 113.

ciale omstandigheden van het woestijngebied.

Men heeft zich echter afgevraagd of het weghalen van de oorspronkelijke vegetatie, de bewerking van de hellingen en bovenal het uithakken van
tunnels, waterkanalen en reservoirs op zo'n grote schaal konden worden
gerealiseerd zonder het gebruik van ijzeren gereedschap. Het merendeel van
de installaties voor de irrigatie stamt inderdaad uit de tweede helft van de
IJzertijd toen ijzer algemeen gangbaar was geworden. Het principe van de terrassen is echter veel ouder. De laatste jaren zijn terrasmuren gevonden in een
duidelijke Bronstijd-context. Terrassering op grote schaal was echter kenmerk
van de IJzertijd. Het blijkt nu echter wel zo te zijn dat voor de aanleg van de
terrassen geen bossen meer gekapt hoefden te worden en dat de erosie toen al
ver gevorderd was. Daarom moest de aarde voor de percelen ook uit de dalen
aangevoerd worden. We weten dit omdat Edelstein en Gibson enige terrassen
tot de rots hebben uitgegraven en ook pollenonderzoek hebben gedaan. Het
ziet er dus naar uit dat archeologisch onderzoek van de terrassen ons weinig
leert over de oorspronkelijke vegetatie van Palestina, zoals ik in 1975 nog
hoopte[32]. De terrassen in de rivierbeddingen moeten hier als de oudste typen
worden beschouwd, daar deze konden worden gemaakt zonder behulp van
ijzeren werktuigen. Maar er is een tweede overweging aangaande de datering
van de verbreiding van de terrassen over de Palestijnse bergen in de IJzertijd.
Die overweging is veiligheid. Ron's onderzoekingen hebben laten zien dat terrassen, irrigatiewerken, wegen en nederzettingen waren gebouwd volgens een
ontwerp. Ze moeten, wat de kleinere nederzettingen in de bergen aangaat,
worden gezien als een eenheid. De dorpen waren gesitueerd op plaatsen die
niet geschikt waren voor landbouw en veiligheidsoverwegingen hebben dus
niet in de eerste plaats hun ligging bepaald. Daarom moet men aannemen dat
zulke waardevolle en kwetsbare installaties zoals de terrassen, die zich vaak
uitstrekten tot op meer dan één kilometer van het dorp, met gewassen op een
behoorlijke afstand achtergelaten, politieke eenheden van enige betekenis veronderstellen, zoniet de territoriale staat van de IJzertijd[33].

---

32. Kanaaltje 2 op de heuvel Ophel werd gedateerd door de sporen op bronzen
gereedschappen, en Late Bronstijd scherven. Volgens W. Richter, *Historische Entwick-
lung und junger Wandel der Agrarlandschaft Israels, dargestellt ins besondere am Bei-
spiel Nordgaliläas*, Wiesbaden 1969, 55-65, zijn de oudste terrassen te vinden bij Ḥirbet
Ḥarruba in Galilea. Deze worden qua datering geplaatst in het midden van het tweede
Millenium v.o.j. Vgl. nu ook S. Gibson and G. Edelstein, "Investigating Jerusalem's
Rural Landscape", *Levant*, 17 (1985), 139 -155.

33. Het woord "territoriaal" is hier gebruikt in zijn traditionele betekenis. G. Buc-
cellati, *Cities and Nations of Ancient Syria. Studi Semitici*, Rome 1967, 26, zou "nationaal" prefereren.

In theorie is er een derde methode om een paar van de terrassystemen te dateren. Dit kan mogelijk ook worden gedaan met behulp van de pollen-analyse. Het is denkbaar dat in de directe omgeving van een nooit opdrogende bron vorming van laagveen voorkwam. Van dit oorspronkelijke veen zou wat onder de latere installaties bewaard kunnen zijn gebleven.

Het terrassenonderzoek begint nu concretere vruchten af te werpen en levert ons gegevens over de demografische en economische omstandigheden in de oudheid. Door analyse van zaden en pitten weten we nu dat de terrassen vooral gebruikt werden voor de teelt van olijven en druiven. Maar terwijl we overal in het land in de rots uitgehakte wijnpersen vinden, waren de olijfoliepersen gesitueerd in de bevolkingscentra, waarschijnlijk in openbare gebouwen. Deze produktie was dus veel meer gecentraliseerd. Op deze wijze leren we zelfs iets over de sociale organisatie[34].

Dit heeft natuurlijk ook zijn consequenties voor de geschiedenis. Het tot nu toe uitgevoerde onderzoek heeft een opmerkelijke stabiliteit in het systeem van de oudheid tot nu laten zien. Aangezien goede bronnen en goede grond vaststaande gegevens zijn en andere geologische en geografische omstandigheden niet kunnen worden veranderd, kan men aannemen dat alleen de verbreiding en intensiteit van de teelt onderwerp was van belangrijke veranderingen. Daarom zal verdere studie van de nederzettingspatronen in de bergen en hun terrassystemen ons iets kunnen leren over de oude infrastructuur van het gebied. Delen van de oude wegen kunnen worden gereconstrueerd. Er kan iets concreets worden gezegd over de bevolkings-dichtheid in de verschillende perioden[35].

De studie van de terrassen zou mogelijk ook nieuw licht kunnen werpen op een aantal veelbesproken onderwerpen uit de geschiedenis van Israël. In de historische reconstructie van de bevolking van Kanaän door de Israëlieten wordt Alt in het algemeen gevolgd in zijn conclusie dat de vroege Israëlieten zich in de bergen tussen de Kanaänitische stadstaten ves-

---

34. Voor de oude persen, zie Gibson en Edelstein, blz. 149. Een aantal moderne dorpen heeft één reservoir van waaruit het water wordt gedistribueerd. Maar in andere gevallen heeft elke landbezittende familie een eigen reservoir, zoals het geval is in Artas.
35. Het artikel van C.C. McCown, "The Density of Population in Ancient Palestine", *JBL*, 66 (1947), 425-36 is een droevig voorbeeld van een dwaling van een schrijver die wordt veroorzaakt door een praktisch totaal negeren van landbouwtechnieken en -omstandigheden in Palestina. Cf ook F.C. Grant, *The Economic Background of the Gospels*, Oxford, 1926; A. Byatt in *PEQ*, 105 (1973), 51-60.
36. A. Alt, *Erwägungen über die Landnahme der Israeliten in Palästina. Kleine Schriften*, Band I, München 1951, 126-75.

Plaat 3. Grote stuwtank die nog steeds in gebruik is in het dorp Battir, ten zuidwesten van Jeruzalem. Als de tank vol is wordt de stop eruit getrokken en dan stroomt het water met kracht door kleine kanaaltjes naar de gewenste percelen.

tigden en zo een direct conflict vermeden. Alt kwam tot deze conclusie door de kaart van Kanaän met alle toenmalig bekende Kanaänitische steden van de late Bronstijd te vergelijken met de kaart van de vroege Ijzertijd met de vroegste Israëlitische nederzettingen[36]. Men kan zich afvragen of het nodig is om dit fenomeen een 'etnische' verklaring te geven. Tot dusver heeft de archeologie gefaald in het 'zichtbaar' maken van de Israëlieten als een nieuwe etnische groep in zulke nederzettingen[37]. Naar mijn mening moet deze verandering van het nederzettingspatroon ook verbonden worden met het begin van de IJzertijd. Toen begon het terrasseren van de berghellingen op grote schaal, gevolgd door nieuwe nederzettingen. Ook de veranderende politieke omstandigheden maakten het mogelijk om te leven en te werken in de vele kleine nederzettingen die over het hele land verspreid lagen[38]. Het waren de terrassen die landbouw mogelijk maakte op de hellingen, waar andere omstandigheden zoals temperatuur en regenval veel gunstiger waren dan in de vlakten en rivierbeddingen.

Deze theorie van mij, uit 1975, heeft veel aanhang gekregen en is vaak overgenomen. Ahlström ging zo ver dat hij de kennis om terrassen te maken alleen aan de oudste Israëlieten toeschreef, en dus moest aannemen dat de vroegste Israëlieten niet uit de woestijn, maar uit een bij uitstek agrarisch gebied - met terrassen - kwamen[39]. De Israëlieten introduceerden volgens hem dus de terrassen in Kanaän. Maar al in 1974 was bekend dat er veel oudere terrassen waren. En in de loop van de 70'er jaren, toen steeds meer bekend werd over de West Bank, werden steeds vaker oudere terrassencomplexen gevonden. Finkelstein bestrijdt daarom fel mijn opvatting over de rol van de terrassen in het begin van de IJzertijd[40]. Volgens hem zijn zeker de terrassen langs de westelijke hellingen veel ouder: zonder terrassen kon men daar nauwelijks leven. De terrassen daar moeten dus tot in de Midden Bronstijd teruggaan. Ik wil mijn opvatting uit 1975 in zoverre modificeren

---

37. M. Weippert, *The Settlement of the Israelite Tribes in Palestine*, (1971), Naperville (II), Hoofdstuk IV.2; C.H.J. de Geus, *The Tribes ofIsrael*, Assen 1976, Hoofdstuk III. Zie nu vooral ook I. Finkelstein, *The Archaeology of the Israelite Settlement*, Jerusalem 1988. (Vgl. mijn samenvatting in *Phoenix*, 37 (1991), 32-41.)

38. Het is interessant te melden dat de dorpen van de Bronstijd vaak waren gesitueerd op de overgang tussen vlakten en heuvels. Landbouw werd bedreven in de vlakten en rivierbeddingen. De Jordaanvallei en zeker het noordelijke deel daarvan, was tamelijk dicht bevolkt in de Vroege Bronstijd, maar gedurende de Midden en Late Bronstijd verdwenen deze nederzettingen tot het opnieuw verschijnen van de landbouw van deze gebieden in IJzertijd II. Y. Ben-Arieh, "The changing Landscape of the Central Jordan Valley", *Scripta Hierosolymitana*, 15 (Jerusalem, 1968), 24.

39. G.W. Ahlström, "Where did the Israelites live?", *JNES*, 41 (1982), 133-38.

40. Finkelstein, blz. 202-203; 306-309.

dat inderdaad steeds meer resten van terrassen uit de Bronstijd gevonden
worden, maar dat het er tegelijkertijd naar uitziet dat de grootschalige terrassering die we vandaag nog kunnen zien, haar oorsprong wel degelijk in
IJzer II heeft, na de stichting van de Israëlitische staten. In ieder geval geldt
dit voor de honderden kleinere stadjes en dorpen.

    In Oudtestamentische tijden waren de Israëlieten een volk van boeren.
Het is vanzelfsprekend dat een betere kennis van de oude landbouw en van
de natuurlijke omstandigheden in de oudheid een grote hulp is bij het begrijpen van de teksten die vol staan met de terminologie en uitdrukkingen die
zijn ontleend aan het dagelijks leven van de Israëlitische boer. Daarom zal
de Hebreeuwse taalkunde ook profiteren van het onderzoek naar de
landbouwterrassen. Het eerste voorbeeld is gekozen om te illustreren wat er
gebeurt als een exegeet onvoldoende kennis heeft van zulke 'triviale' zaken
als landbouw en biologie. De volgende uitdrukking is verschillende malen
in het Oude Testament te vinden: 'een ieder onder zijn wijnstok, en onder
zijn vijgeboom'[41]. Nu verklaarde een groot wetenschapper als Martin Noth
deze uitdrukking in zijn commentaar op Koningen als het beeld van wijnranken die in een vijgeboom zijn gegroeid. Hoe kan men anders onder een
wijnstok zitten?[42]. Deze uitleg is niet minder dan een wijnbouwkundige
monstruositeit. Een wijnrank groeit alleen daar waar veel zon en licht is en
zal nooit druiven dragen als ze moest groeien tussen de schaduwrijke takken
van de vijgeboom met zijn grote bladeren. In feite worden in deze bijbelse
uitdrukking twee beelden gegeven, beide verbonden met de begrippen schaduw en eigendom. De eerste is dat van de vijgeboom met zijn machtige en
schaduwrijke takken. Deze boom werd het liefst vlakbij huizen geplant vanwege zijn schaduw en zijn vruchten. Het tweede beeld illustreert eigenlijk
hetzelfde, omdat wijnstokken vaak langs huizen werden aangeplant zodat de
ranken met hun grote bladeren de loofhut konden bedekken die op het platte
dak van het huis was gebouwd, of de daken van de vele 'torens' die op en
tussen de terrassen waren gebouwd. Zulke met wijnranken bedekte loofhut-
ten komen nog steeds veel voor in Palestina. In beide gevallen drukt de zin

---

41. I Koningen 5:5 (Koningen 4:25); Micha 4:4; Zacharia 3:10. Geciteerd uit de
vertaling van het Nederlands Bijbel Genootschap (1952).

    42. M. Noth, *Könige. Biblische Kommentar IX/I*, Neukirchen 1968, 77. Op het
bekende relief in het Brits Museum met koning Ashurbanipal die met zijn koningin rust
in zijn tuin - mogelijk na de overwinning op Te'uman - kan men duidelijk de uitlopers
van een wijnrank zien die zich vervlechten met de takken van een naaldboom.

de aangename rust van de land- en huiseigenaar uit.

Het tweede voorbeeld is nauwer verbonden met de landbouwterrassen. We hebben gezien dat de terrassen die vanuit een bron bevloeid werden beneden die bron waren gesitueerd. Er waren echter tamelijk simpele technieken waardoor de waterstand wat kon worden verhoogd. Ron geeft een voorbeeld van een bron waar het waterpeil 140 centimeter was verhoogd d.m.v. het blokkeren van de uitstroom zodat het water alleen naar buiten kwam als het voldoende hoogte had bereikt[43]. Maar de mogelijkheden van een dergelijk systeem, simpel gebaseerd op zwaartekracht, zijn strikt beperkt. Om de mogelijkheden van irrigatie te vergroten, werden reservoirs of open waterbakken gebouwd. Deze werden soms in de rots uitgehakt, maar ze bestaan meestal uit metselwerk en lijken op grote open stenen tanks. Het water uit de bron werd deels gebruikt aan de bron en deels getransporteerd door kanaaltjes en/of waterleidingen naar één of meer van zulke tanks. De tanks, die enige kubieke meters water kunnen bevatten, hebben een stop vlakbij de bodem en vanaf dat punt kan het water door de zwaartekracht worden verdeeld over de velden beneden het reservoir. Vandaag de dag is er in de meeste gevallen niet een directe verdeling van het water tussen landeigenaren, maar van de tijd van de waterstroom. Elke landbezittende familie heeft zijn waterrechten, en gedurende die tijd het recht op de volledige waterstroom. In het geval van het dorp Battir, waar maar één tank is (*plaat 3*), wordt het water verdeeld over de acht families met waterrechten. Andere dorpen hebben meer dan één tank, elke familie kan er over één beschikken. In dat geval hoeft het water niet meteen gebruikt te worden als het verdeeld wordt, maar kan het worden opgeslagen. Dit is het systeem van Artas. Het is niet nodig dat de tanks met een bron in verbinding staan, er zijn ook tanks die worden gevuld met regenwater, zoals ook cisternen met regenwater gevuld worden. Deze tanks verschillen daarin van cisternen dat hun functie er allereerst één is van stuwing en dan pas van opslag.

Dit systeem is algemeen bekend van het oude Jeruzalem. De velden

---

43. *IEJ*, 16 (1966), 113.

44. J. Simons, *Jerusalem in the Old Testament*, Leiden 1952, 190-92. Zie ook de kaart op blz. 174.

45. De birket el-hamra was mogelijk het "lagere" of "oudere reservoir" uit de bijbel; Jes. 22:8-12. Iets hogerop lag het waterreservoir van Hizkia; Simons, op. cit., 191.

van Jeruzalem lagen niet alleen ten oosten van de stad, langs de oostelijke hellingen en in de Qidronvallei, maar strekten zich ook uit ten zuiden en zuidoosten van de berg Ophel. Om een deel van deze velden te bevloeien werd het water ook zuidwaarts getransporteerd. Aan de zuidelijke voet van de helling van de Ophel, op het kruispunt met de Tyropoeonvallei werden grote reservoirs gebouwd. De grootste was de birket el-hamra[44]. Nu blijkt dat zulke zeer grote waterreservoirs in bijbels Hebreeuws *bereka* werden genoemd. Er waren er minstens twee[45]. Maar uit verscheidene voorbeelden in Jesaja of Nehemia is het duidelijk dat er meer waren, mogelijk kleinere, en uitsluitend bedoeld voor landbouw[46]. Mogelijk waren een aantal van deze kleinere reservoirs, of beter stuwtanks, in een rij geplaatst.

Het is mijn bedoeling om aan te tonen dat zulke stuwtanks, in ieder geval de kleinere, *gebim* genoemd konden worden. En bovendien dat met behulp van deze hypothese enkele problemen in de bijbeltekst opgelost kunnen worden. Overigens had ook Prof. Dr. A. van Selms al in 1972 de *gebim* van het Oude Testament verklaard als stuwtanks[47]. Het woord *gebim* komt vier keer voor in het OT, steeds in het meervoud. Voor een mogelijk enkelvoud en de etymologie, zie onder.

Ik wil beginnen met 2 Kon. 3:16. Hier wordt het woord *gebim* meestal vertaald met 'poelen' of 'greppels'. Daarmee wordt graafwerk gesuggereerd. De betekenis van de episode is duidelijk: het water van een plotselinge vloed dat door de wadi's stroomt, moet worden tegengehouden. Op deze wijze zal het nu kurkdroge wadibed onder water komen te staan en doordrenkt raken. Het beeld is ontleend aan het werk van de boer die op zijn bevloeide velden haaks op elkaar lage aarden dijkjes aanlegt, zodat vierkante perceeltjes van maar enkele vierkante meters ontstaan. Deze laat hij dan vanuit een kanaaltje vollopen, waardoor de grond verzadigd raakt met water. Maar in een stenige wadibedding is dit nauwelijks mogelijk: de stenen laten het graven van greppels en poelen niet toe en bovendien zou de kracht van het stromende water en de meestromende stenen en slik ze in enkele minuten opgevuld hebben. De verteller denkt kennelijk aan een soort

---

46. Bij de zuidelijke voet van de berg Ophel lagen de "Koningstuinen", 2 Kon. 25:4; Jer. 52:7; Neh. 3:15 en het "Koningsreservoir", Neh. 2:14. Cf. Simons op. cit., 10, 129, 193. Volgens Simons werd dit reservoir gebruikt voor het bevloeien van de koninklijke velden.

47. Maar zonder enige verdere verklaring. A. van Selms, *Jeremia I. Prediking van het Oude Testament*, Nijkerk 1972.

rivierbedding-irrigatie, waarbij het water wordt tegengehouden door lage dammen. Zulke lage dammen kan men tegenwoordig nog op veel plaatsen in de Negev zien. Hier in 2 Kon. 3 wordt het systeem verder uitgebreid. Om de bedding geheel gevuld te krijgen met water moeten de soldaten niet alleen dammen dwars op de wadi bouwen, maar ook in de lengte. Ook dan is het resultaat een groot aantal lage vierkante bassins gevuld met water. Zulke vierkante bassins konden kennelijk ook *gebim* genoemd worden.

Dit klopt ook heel goed met de tweede bijbelplaats: 1 Kon. 6:9. Hier wordt het woord *gebim* op een secundaire wijze gebruikt als een *terminus technicus* voor de verzonken plafondpanelen die ontstaan ten gevolge van haaks op elkaar liggende balken. Dan krijgen we ook vierkante uitdiepingen, maar nu tegen het plafond. Zulke plafonds komen we in Europa vaak tegen in monumentale gebouwen uit de zestiende en zeventiende eeuw. Er is geen enkele aanleiding om hier aan een andere wortel te denken, zoals veel woordenboeken nog steeds doen.

Jesaja 33:4 blijft een moeilijke plaats omdat niet duidelijk is of de vergelijking met de sprinkhanen in de tweede helft van het vers wordt voortgezet. Als dat niet het geval is, dan is het mogelijk dat het beeld wordt opgeroepen van een stop die uit een watertank wordt getrokken waardoor het water er met grote kracht uitstroomt. De Hebreeuwse tekst lijkt het woord *gebim* hier als enkelvoud te beschouwen.

In Jeremia 14:3 wordt een ernstige droogte geschilderd. De normale watervoorziening is uitgeput. Dit moet betekenen dat de cisternes en zelfs de grote, open waterreservoirs leeg zijn en dat water van grote afstand gehaald moest worden. Zelfs de boeren hebben geen water meer in hun stuwbakken. De door mij gegeven verklaring van *gebim* lijkt hier goed te passen.

Aan het slot van de Engelse versie van dit artikel volgde nog een excursie over de etymologie van het woord *gebim*, dat in de Hebreeuwse bijbel alleen in het meervoud voorkomt. Daarin betoogde ik dat *gebim* van een te postuleren enkelvoud *g^ebi* moet komen en niet van *geb*. Op mijn taalkundige

---

48. I.B. Gottlieb, "G^{e}bi, Stowage Tank", *PEQ*, 109 (1977), 53-54. Ondanks het feit dat Gottlieb en ik beiden geciteerd worden houdt de nieuwe druk van Gesenius, *Hebräisches und Aramäisches Handwörterbuch*, 18e druk, 1987, blz. 191, vast aan drie verschillende lemmata *geb*.

reconstructie is kritiek gekomen van I. Gottlieb. Maar essentieel is dat hij a) mijn herleiding tot *g^{e}bi steunt en er b) bovendien op wijst dat het woord g^{e}bi ook werkelijk bestaat en wel in de Misjna (Parah 6,5). 'Indien men water uit een bron in een wijnvat of in een watertank laat lopen ('o l^{e}tok hagg^{e}bi), dan is het niet geschikt'[48].

Tenslotte nog een opmerking over de wortel ygb uit Jer. 39:10 en Jer. 52:16 // 2 Kon. 25:12. In deze verzen is sprake van een 'landhervorming' die de Babyloniërs doorvoeren na de val van Jeruzalem in 587 v. Chr. Nebuzaradan geeft land van de rijken en uit de koninklijke domeinen aan de armen, ongetwijfeld om hen aan het nieuwe bewind te binden. Er is sprake van wijngaarden en yogebim. Naar alle waarschijnlijkheid gaat het dus om geterrasseerde stukken land, omdat juist de terrassen privébezit waren. De wijngaarden lagen op de niet-geïrrigeerde terrassen en daarom ligt het voor de hand om aan te nemen dat de wortel ygb slaat op het bewerken van geïrrigeerde terrassen.

BEKNOPTE BIBIOGRAFIE PALESTINA

O. Borowski, Archiculture in Iron Age Israel, Winona Lake, 1987.

G. Edelstein, M. Kislev, 'Mevasseret Jerushalayim - the Ancient Settlement and its Terraces', in: Bibl.Arch., Vol. 44 (1981) 53-56.

G. Edelstein, Y. Gat, 'Terraces around Jerusalem', in: Israel, Land and Nature, Vol. 6 (1981) 72-78.

I. Finkelstein, The Archaeology of the Israelite Settlement, Jeruzalem 1988.

C.H.J. de Geus, 'The Importance of Archaeological Research into the Palestinian Agricultural Terraces with an Excursus into the Hebrew word *gbi', in: Pal. Explor. Quarterly, Vol. 107 (1975) 65-74.

idem, 'Landbouw en Landschap in Palestina', in: Phoenix, Vol. 21 (1975) 35-47.

idem, 'Agrarian Communities in Biblical Times: 12th to 10th Centuries B.C.E.', in: Récueils Soc. Jean Bodin, Tome 41 (1983) 207-237.

Sh. Gibson, G. Edelstein, 'Investigating Jerusalem's Rural Landscape', in: Levant, Vol. 17 (1985) 139-155.

D.C. Hopkins, The Highlands of Canaan. Agricultural Life in the Early Iron Age, Sheffield 1985.

Z. Ron, 'Agricultural Terraces in the Judean Mountians', in: Isr. Explor. Journ., Vol. 16 (1966) 33-49; 111-122.

idem, 'Development and Management of Irrigation Systems in the Mountain Regions of the Holy Land', in: Trans. Inst. Brit. Geogr. N.S. Vol. 10 (1985) 149-169.

HET PLATTELANDSLEVEN[1]

'Maar zij zullen zitten
een ieder onder zijn wijnstok en zijn vijgeboom
en niemand zal hen opschrikken'.
(Micha 4:4)

De strijd van het vroege Israël om het bestaan

D.C. Hopkins

In de Vroege IJzertijd, die omstreeks 1200 v. Chr. begint, was het bergland van Kanaän het kerngebied van wat de Israëlitische nationale staat zou worden. Hoe zag het leven voor de eerste Israëlitische kolonisten in deze regio er uit? De discussie over het karakter van het kolonisatieproces - of het zich nu had voltrokken door verovering, infiltratie of door een boerenopstand - leidde tot voor kort de aandacht af van deze vraag[2]. Nu echter zijn er reeds enkele schetsen van het leven van deze kolonisten gepubliceerd[3]. Vooralsnog blijft ons verstaan van de strijd om het agrarisch bestaan, het meest elementaire niveau van leven voor de kolonisten van het bergland, zeer onvolmaakt. Voor welke uitdagingen zagen de Israëlitische boerenfamilies zich gesteld? Hoe verbouwden ze voldoende voedsel om te overleven? Beantwoording van deze vragen zal nieuwe perspektieven openen van waaruit de problemen aangaande de opkomst van Israël dienen te worden bezien.

Om zich de wereld van de Israëlitische landbouwer voor de geest te kunnen halen, moet men zich bewust zijn van de complexiteit van agrarische systemen, zelfs onder de pre-industrieële samenlevingen van de antieke tijd. Landbouw wordt namelijk beïnvloed door vele variabelen: soorten gewas, lengte van het groeiseizoen, waterbronnen, soorten werktuigen, vor-

---

1. Vertaling van 'Life on the Land', in *Biblical Archaeologist*, 50 (1987), blz. 178-191. De vertaling is van de hand van drs. F. van den Bosch.
2. V.Fritz, 'Conquest or Settlement? The Early Iron Age in Palestine', *Biblical Archaeologist*, 50 (1987), blz. 84-100.
3. J.A. Callaway, 'A Visit with Ahilud: A Revealing Look at Village Life when Israel Settled the Promised Land', *Biblical Archaeologist*, 9 (1983), blz. 42-53; L.E. Stager, 'The Archaeology of the Family in Ancient Israel', *Bulletin of the American Schools of Oriental Research*, 260 (1985), blz. 1-35; A. Ben Tor, 'Tell Qiri: A Look at Village Life', *Biblical Archaeologist*, 42 (1979), blz. 105-113.

men van landgebruik en wijzen van economische organisatie, om maar eens enkele te noemen. Globaal kunnen ze worden geklassificeerd als natuurlijke omgeving, demografie en technologie. Het onderlinge verband tussen deze factoren verdient nadruk. Het is bijvoorbeeld duidelijk dat uitoefening van het boerenbedrijf in het bergland van Kanaän werd begrensd door bepaalde plaatselijke beperkingen, in het bijzonder de beschikbaarheid van water. Maar deze restricties werden ongedaan gemaakt door bepaalde technologieën, zoals de technieken van het bouwen van cisternes, het aanleggen van terrascultuur en kennis van beheersing van het oppervlaktewater. Deze technologieën hingen op hun beurt weer af van de economische uitvoerbaarheid ervan. In het Israël van de IJzertijd was deze economische uitvoerbaarheid voor het grootste deel een zaak van arbeidsaanbod, en dus komen we terecht bij de demografische factor. Het verband tussen bevolkingsomvang en arbeidsaanbod is weliswaar evident, maar niet direct aantoonbaar. Allerlei factoren kunnen de hoeveelheid werk die een gegeven populatie kan accepteren beïnvloeden, zodat zelfs de meest simpele maatstaf, hoeveel handen beschikbaar zouden zijn om cisternes uit te hakken of terrassen te bouwen, moeilijk te definiëren is. Onderzoekers van de Vroege IJzertijd blijven zich afvragen of er op het ene moment wel genoeg handen waren om het groeiend aantal monden te voeden, en of er op het andere moment wel genoeg landerijen waren om het groter wordende aantal handen werk te verschaffen. Dit onderlinge verband kan ontmoedigend werken, maar slechts door gegevens die een duidelijk licht werpen op de natuurlijke omgeving, de populatie en de technologie op een samenhangende wijze te interpreteren, verkrijgt men inzicht in de wereld van de kolonisten uit de Vroege IJzertijd in het bergland.

Natuurlijke omgeving.

Wat was het karakter van de natuurlijke omgeving waarmee de kolonisten van de Vroege IJzertijd te maken hadden? Archeologen gebruiken een verscheidenheid aan wetenschappelijke analyses van artefacten die in hun opgravingen onder het zand vandaan gehaald worden, om deze vraag te beantwoorden. Deze analyses bevatten de studies van sedimenten (geologie), van overblijfselen van bomen en planten (paleobotanie) en van stuif van granen (palynologie). Maar zelfs met deze nieuwe methoden moet iedere reconstructie die we wensen te maken een voorlopig karakter dragen. Zo zijn bijvoorbeeld slechts beperkte gebieden van Palestina geschikt voor het door de tijd bewaren van stuifmeel. Ten gevolge hiervan hebben paly-

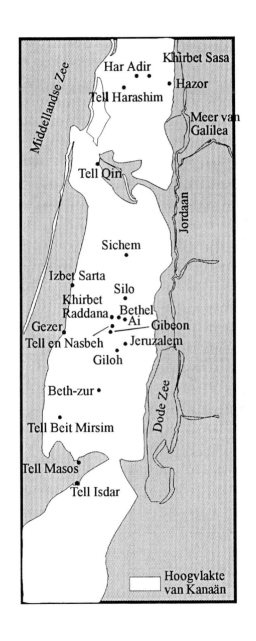

nologische studies slechts geringe hulp opgeleverd. Wel laten de resultaten van palynologisch onderzoek de afname van sporen van bomen zien - die naar men mag aannemen samenvalt met de uitbreiding van de bewoning - zelfs al van voor de historische periode[4].

Andere analyses hebben meer vruchten afgeworpen. Liphshitz en Waisel[5] hebben resten van gewassen die in stratigrafische[6] contexten op verschillende plaatsen voorkwamen, geïdentificeerd. Deze gewassoorten bedekken dezelfde gebieden vandaag de dag nog, alhoewel in sterk gereduceerde aantallen. Op deze manier heeft hun onderzoek verder bewijs geleverd voor de continuïteit in de samenstelling van de begroeiing van het bergland. Als gevolg hiervan getuigt dit paleobotanisch werk ook van een continuïteit van het klimaat. Deze conclusie verleent op haar beurt gezag aan het gebruik van gegevens over het huidige klimaat voor het weergeven van de oude situatie. Zo konden boeren uit het bergland waarschijnlijk op dezelfde gunstige temperaturen rekenen zoals we ze nu in Palestina kunnen aantreffen, maar hadden ze ook kampen met dezelfde seizoensdroogte en wisselende neerslagpatronen. Sommige onderzoekers bieden meer opzienbarende conclusies, zoals een zeer uitgebreid nat winterseizoen voor de pre-historische tijden. Deze ideeën zijn echter te vaag om een rol te spelen in een historische reconstructie.

Vooruitgang in de studie van de paleosedimenten, met name in de drogere valleien in het zuiden, kan wellicht een meer betrouwbare reconstructie toestaan van de relatieve vochtigheid en droogte in de afzondelijke perioden[7]. Maar vooralsnog kunnen zelfs deze gegevens niet zonder meer zwaarwegend gebruikt worden. Middelen om de werkelijke toestand van het

---

4. A. Horowitz, 'Climatic and Vegetational Development in Northeastern Israel during Upper Pleistocene Times', *Pollen et Spores* 13 (1971), blz. 255-278; W. Van Ziest en S. Bottema, 'Vegetational History of the Eastern Mediterranean and the Near East during the Last 20.000 Years', in J.L. Bintliff and W. van Zeist (ed.), *Palaeoclimates, Palaeo-environments and Human Communities in the Eastern Mediterrannean Region in Later Prehistory*, [British Archaeological Reports], 1982, blz. 283-84.

5N. Liphshitz en Y. Waisel, 'Dendroarchaeological Investigations in Israel (Taanach)', *Israel Exploration Journal*, 30 (1980) blz. 132-136, en eerdere artikelen die daar genoemd worden.

6. Noot van de vertaler: het gaat hier om situaties waarin verschillende afzettingslagen boven elkaar zijn aangetroffen. In zo'n geval gaat men ervan uit dat in principe een onder liggende laag ouder is dan een daarboven liggende laag. Zie voor meer informatie S. Champion, *Archeologische termen en technieken, alfabetische gids*, Amerongen, 1984, blz. 91-92.

7. A.M. Rosen, 'Environmental Change and Settlement at Tel Lachish, Israel', *Bulletin of the American Schools of Oriental Research*, 263 (1986), blz. 55-60.

milieu in de oudheid terug te vinden bestaan niet, en de rol van mensen in het wijzigen van het landschap mag niet over het hoofd gezien worden.

Totdat de mogelijkheden van paleobotanisch, palynologisch en geomorphologisch onderzoek volledig zijn benut, zullen nauwkeuriger beschrijvingen met betrekking tot de toestand van het klimaat en de begroeiing van het bergland in de Vroege IJzertijd niet mogelijk zijn. Wel is er tot nu toe genoeg bekend om de meer of minder romantische voorstellingen van het kolonisatieleven, die Israëls voorouders dikwijls hebben afgebeeld als bosbewoners die met bijlen zwaaiden om levensruimte voor zichzelf te creëren in te voren onbewoonde gebieden, te corrigeren.

Hoewel deze voorstelling van een dicht bebost landschap goede diensten bewijst om ons beeld van het huidige dorre, ontboste landschap te boven te komen, was het kappen van bos niet de belangrijkste aktiviteit in de kolonisatie van het bergland. De oorspronkelijke begroeiing van het gebied was echter ook niet het dichte bos met weinig kreupelhout, naar het model uit de sprookjes van de gebroeders Grimm. Veelmeer bestond het uit altijd groene eiken en loof verliezende terebinten, die verspreid stonden tussen dikwijls dicht struikgewas van grote heesters, dat bekend staat als maquis. In de Vroege IJzertijd namen het bos en de maquis reeds af als resultaat van zowel voorafgaande sedentaire bewoning (in de vroege Bronstijd[8]) als van niet-sedentaire roofbouwers, die vuur gebruikten als een middel om weidegronden te verbeteren en nieuw gras te doen groeien. Ook in de handen van de kolonisten van het bergland in de Vroege IJzertijd speelde vuur vermoedelijk een veel belangrijker rol bij het ontbossen dan de bijl. In ieder geval zagen de kolonisten zich bij het in cultuur brengen van de overwegende terra rossa velden van het bergland voor het beoefenen van de landbouw, geplaatst voor een veel moeilijker opdracht dan het vellen van bomen alleen. Ze moesten ook de boomstronken en -wortels verwijderen. Een veld dat blootgesteld was aan zon en regen door middel van het verbranden van de bomen of een andere manier waarop de bomen verwijderd werden, werd aanvankelijk beplant rondom de ontblote stronken. Het gemakkelijk te ploegen veld verscheen pas een tijd later onder deze technologisch eenvoudige landbouw beoefenende gemeenschappen.

Demografie.

Demografie is misschien wel het gebied van de historische studie van de bijbelse wereld dat het meest over het hoofd is gezien. Bewijs is beperkt en de

---

8. Noot van de vertaler: deze periode duurde van 3150 - 2200 v. Chr.

demografische kennis van het oude bergland blijft fragmentarisch. Dat in het bergland van de Vroege IJzertijd een enorme toename in bevolking heeft plaatsgevonden en er zich een radicale wijziging in het nederzettingenpatroon heeft voorgedaan, staat, hoe dan ook, als een paal boven water voor iedere richting binnen de discussie over de kolonisatie-periode[9]. Als het in kaart brengen en het opgraven van deze nederzettingen vordert, zullen meer exacte demografische berekeningen mogelijk zijn. Verschillende opvallende kenmerken van de veranderende bewoning van het landschap zijn reeds opgevallen. Het belangrijkste kenmerk van dit landschap is het patroon van verspreide kleine nederzettingen, die soms wel en dan weer niet gesitueerd zijn in omgevingen die de toets van geschiktheid voor de beoefening van landbouw kunnen doorstaan. Stager[10] heeft berekend dat de gemiddelde omvang van een nederzetting uit de Vroege IJzertijd minder was dan 2 hectare (ongeveer 5 acres). Dat meer dan vijftig procent van de gemeten waarden onder het gemiddelde ligt, blijkt heel duidelijk uit de vergelijkende gegevens[11] en wordt nog eens bevestigd door clustering van de afmetingen van opgegraven plaatsen onder in de schaal. Zie ook de nu volgende tabel.

Vroege IJzertijd

Opgegraven plaats:	Afmeting in hectares:
Izbet Sarta	0.40
Tel Harashim	0.45-0.50
Giloh	0.50-0.70
Tell Isdar	0.78
Khirbet Raddana	0.80
Opgegraven plaats:	Afmeting in hectares:
Beth-zur	0.85
Tell Qiri	1.00
Ai	1.00
Silo	1.20
Tell en-Nasbeh	1.80
Tell Beit Mirsim	3.00
Tel Masos	4.50
Hazor	6.10

---

9. Noot van de vertaler: zie voor een samenvatting van de richtingen binnen deze discussie: C.H.J. de Geus, Nieuwe gegevens over het oudste Israël, in: *Phoenix* 37 (1991), blz. 32-41.

10. Stager, *op. cit.*, blz. 3.

11. Stager, *op. cit.*, tabel 1.

Hierbij moet worden opgemerkt dat de afmeting van Tell en-Nasbeh gebaseerd is op een schatting van de IJzer II periode. Ook de omvang van Hazor
berust op een schatting.

Vanuit geologisch en ecologisch gezichtspunt missen deze plaatsen de
homogeniteit die hen dikwijls wordt toegeschreven[12]. Hun locaties zijn
divers, gelet op de landbouwcondities, mogelijkheden tot verdediging en
ligging aan handelsroutes. De meeste van deze plaatsen waren nieuw
gesticht in de Vroege IJzertijd, maar ook waren er vele nederzettingen die
opnieuw werden gebruikt. De toename in bewoning in de Vroege IJzertijd
omvat dus zowel het exploiteren van nieuwe gebieden als het aanspraak
maken op dorpen die reeds eerder bewoond waren geweest. Het herkennen
van dit feit helpt om het beeld van de condities van de natuurlijke omgeving voor de expansie van nederzettingen in de Vroege IJzertijd te verhel-
deren.

Vele van de woonplaatsen van deze ingrijpende uitbreiding van bewoning bevonden zich op marginale locaties, waar vroegere bergbewoners van
hadden afgezien om er te gaan wonen. Het zijn plaatsen met een beperkte
toegang tot vers water en ze hebben een ruw oppervlak, dat hen weinig
vruchtbare valleien biedt. De zone van menselijke bewoning strekte zich uit
tot het gebied dat begrensd werd door de plaatsen Giloh, Tell Isdar en Izbet
Sarta, alle nieuw gestichte steden met een beperkte bestaansmogelijkheid.
Soms was bewoning zelfs hernieuwd op plaatsen - zoals Ai - die absoluut
ongunstige landbouwcondities boden. Maar een groot deel van de plaatsen
bood betere omstandigheden voor landbouwbeoefening; deze nederzettingen bevonden zich dicht bij bronnen, waren gesitueerd op hellingen aan de
rand van colluviale grond[13], of gevestigd op heuvels aan weerszijden van
tamelijk vlakke kleine plateaus. Maar ook buiten dit gebied vonden nieuwe
nederzettingen te Khirbet Sasa, Hazor, Tell en-Nasbeh en Silo gunstige ecologische voorwaarden. De kolonisten die Tel Masos en Tel Harashim aan
het eind van de Peqi'in vallei hebben opgericht, hebben eveneens gunstige
omstandigheden voor het uitoefenen van het boerenbedrijf ontmoet. Vier

---

12. Bijvoorbeeld J.A. Callaway, 'A New Perspective on the Hill Country Settle-
ment of Canaan in Iron Age I', in J.N. Tubb (ed.), *Palestine in the Bronze and Iron Ages:
Papaers in Honor of Olga Tafnell*, [Institute of Archaeology Occasional Publication 11,
London Institute of Archaeology], 1985, blz. 33.

13. Noot van de vertaler: dit is een afzetting die wordt gevormd door grond en
puin dat aan hellingsprocessen onderhevig is. Zij wordt gevormd onder invloed van verschillende omstandigheden, zoals afspoeling, werking van de zwaartekracht e.d. die haar
heuvelafwaarts bewegen. Zie verder Champion, *op. cit.* blz. 21.

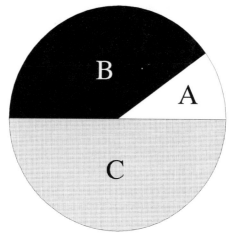

Grafiek 1.
Dit cirkeldiagram, dat gebaseerd is op de gegevens over plaatsen uit de IJzertijd, die
door David Dorsey in zijn catalogus zijn verzameld, laat de relatieve verhoudingen
zien tussen:
(A) plaatsen die uitsluitend in IJzertijd I (1200-900 v. Chr.) bewoond zijn (totaal
aantal 57);
(B) plaatsen die, hoewel niet noodzakelijk ononderbroken, zowel in IJzertijd I als
IJzertijd II (900-586 v. Chr.) werden bewoond (totaal aantal 253);
(C) plaatsen die uitsluitend in IJzertijd II werden bewoond (totaal aantal 309).
Van de twee IJzertijdperioden geeft IJzertijd II de meest ingrijpende uitbreiding in
het bewoonbare gebied van het bergland weer. Let erop dat van het totale aantal
plaatsen uit IJzertijd I ongeveer 20 % (57 van de 310) in IJzertijd II in het geheel
niet werd bewoond.

onopgegraven plaatsen uit het centrale bergland, waar tijdens surveys[14] aar-
dewerk uit de vroegste fase van de IJzertijd werd gevonden[15], zijn het waard
om in dit verband vermeld te worden: Khirbet Ibn Nasir, dat zich boven de
vallei ten oosten van Sichem bevindt; Tel Abu Zarad, een hernieuwde
bewoning van een goed van water voorziene tell, die zich op gelijke afstand

---

14. Noot van de vertaler: een survey is een vorm van archeologisch onderzoek,
waarbij uitsluitend gelet wordt op artefacten die zich aan de oppervlakte van een tell
bevinden. Zij laten zien welke perioden er in de tell vertegenwoordigd zijn. Zo kan een
onderzoeker voor de opgraving al weten welke perioden hij in de tell zal aantreffen.

15. M. Kochavi (ed.), *Judea, Samaria, and the Golan: Archaeological Survey,
1967-1968*, [Archaelogical Survey of Israel 1.], Jeruzalem, 1972, blz. 154.

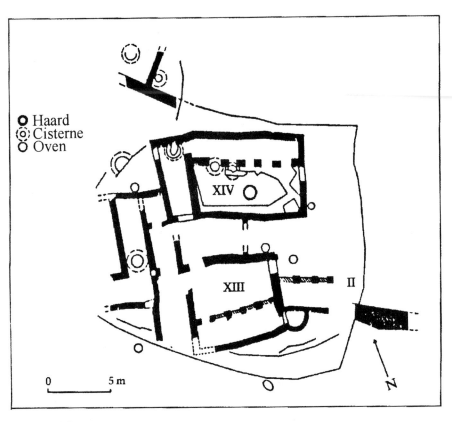

O Haard
(o) Cisterne
O Oven

XIV O

XIII

II

0   5 m

N

Grafiek 2
Plattegrond van area S te Hirbet Raddana. De drie woningen uit de Vroege IJzer-
tijd, die door pilaren ondersteund werden en door Joseph Callaway zijn opgegraven,
omheinen een gemeenschappelijke binnenplaats. Mogelijk bewijzen zij het bestaan
van de sociale eenheid: bet 'ab, een clan, die was samengesteld uit twee of meer
kerngezinnen die aan elkaar verwant waren. Berekend kan worden dat het huis
(XIV) bovenaan de plattegrond een oppervlak van 55,6 vierkante meter heeft, het-
geen genoeg is voor zes of zeven personen. De twee kleinere huizen hebben een
oppervlak van 2,2 vierkante meter (XIII) en 2,7 vierkante meter (XII, geschat), elk
genoeg voor drie tot vier personen.

van Sichem en Silo bevindt, ongeveer tien kilometer ten westen van de noord-zuid hoofdweg; Khirbet er-Rafid, in de zuidpunt van de Silo-vallei; en Ras et-Tahuneh, in de buurt van Khirbet Raddana aan de noord-zuid hoofdweg die door één van de minst in secties verdeelde gedeelten van de heuvels van Bethel loopt. Deze plaatsen voorzagen de bewoners van aanmerkelijk betere mogelijkheden voor landbouw dan die plaatsen, die dikwijls in verband gebracht worden met de kolonisten uit de Vroege IJzertijd.

De architectuur van de huizen van deze kleine dorpen biedt ons een uitgebreide aanwijzing voor de wijze waarop de bewoners hun leven leidden. Het vertrouwde vier-vertrekkenhuis is een opvallend klein bouwsel, één dat alleen door een kerngezin bewoond geweest kan zijn. Gebaseerd op een intercultureel afgeleide schatting van het aandeel ruimte per persoon, kan gesteld worden dat de huizen te Ai en Raddana plaats boden aan drie of vier personen, terwijl de gezinnen te Tel Masos wat groter waren. De geringe omvang van deze gezinnen is opzienbarend en getuigt van het demografische dilemma van de kolonisten. De weinige demografische statistieken die beschikbaar zijn voor het oude oostelijke Middellandse Zeegebied bevestigen deze waargenomen instabiliteit. Bij het analyseren van de populatie van begraafplaatsen in het Griekenland van de Vroege IJzertijd, vond Angel[16] 4,1 geboorten per vrouw waarvan er maar 1,9 in leven bleef. Onder deze omstandigheden zou zelfs de clan (bet 'ab), die archeologisch zou zijn aangetoond door de ontdekking van huizenclusters te Ai en Raddana[17], onder zware druk hebben gestaan om stabiliteit te bereiken door toename van de gezinsgrootte. Hoe veel families de afmeting van het stamvaderlijke gezin van Jakob bereikt hebben, is moeilijk te zeggen (Gen. 46:8-27); vermoedelijk hield een hoog sterftecijfer hun aantal laag. Zo kon een bloeiende bet 'ab, bij perioden, haar omvang verliezen en in feite terugkeren tot een kerngezin, dat mogelijk zelfs niet meer in staat was om voor eigen voedselvoorziening te zorgen.

De bevolking van deze kleine plaatsen, waarmee het berglandschap van de Vroege IJzertijd bezaaid lag, bestond uit zulke kleine en instabiele eenheden, dat haar aantal nooit tot grote getale is opgekomen. Als Ai met haar dicht op elkaar gepakte huizen als kenmerkend wordt genomen, dan konden dorpen uit de Vroege IJzertijd slechts bogen op niet meer dan 200 à 300 individuen. Dit feit geeft aanleiding tot een belangrijke paradox in de bewoningsexplosie van het bergland. De gemeenschappen die geza-

---

16. J.L. Angel, 'Ecology and Population in the Eastern Mediterranean', *World Archaeology*, 7 (1972), blz. 94-95.
    17. Stager, *op. cit.*, blz. 18.

menlijk deel uitmaakten van de reusachtige bevolkingsgolf, werden overvallen door veel problemen. Deze werden veroorzaakt doordat de gemeenschappen niet uit voldoende mensen bestonden. Deze demografische realiteiten waarvoor de afzonderlijke gezinnen en dorpen zich gesteld zagen, worden gemakkelijk over het hoofd gezien doordat men gefixeerd is op de verandering in het nederzettingenpatroon in het bergland, terwijl juist deze demografische realiteiten de meest zware beperkingen vormden voor de bewoners zelf. De gezinsdemografie en het feit dat de dorpjes van de Vroege IJzertijd zo klein waren, maakt het gemakkelijk om te begrijpen waarom zo vele zich niet verder hebben kunnen ontwikkelen.

Het verlaten van zo vele plaatsen na enkele generaties, kan verklaard worden uit de groeiende centralisatie en urbanisatie, die gepaard gingen met de opkomst van de monarchie, en het onvermogen tot gezinsuitbreiding[18].

Technologie.

Bij het schetsen van het technologisch niveau in het bergland gedurende de Vroege IJzertijd, hebben geleerden zich gewoonlijk geconcentreerd op werktuigen en de processen om ze te maken, daarnaast ook op verschillende landbouw- en constructiemethoden. Dit heeft ervoor gezorgd dat er, ongelukkigerwijs, aan een heel gebied van fundamentele kennis, organisatietalenten en vaardigheden (met name sociale vaardigheden) stilzwijgend werd voorbijgegaan. Bovendien werd de rol van afzonderlijke vernieuwingen in materiële technologie sterk overdreven, zowel vanuit het standpunt van objectief bewijs als met betrekking tot hun invloed op de middelen van bestaan als geheel in het bergland. Een algemeen bekend voorbeeld: William F. Albright[19] opperde dat de ontdekking van een waterdichte bekleding van cisternes een toets was voor Israëlitische bewoning. Door de ontdekking van met kalk bepleisterde cisternes die tot een veel eerdere periode behoorden, als ook van cisternes die in van nature waterdichte kalksteen waren uitgehouwen, moet deze claim worden verworpen. Hierbij moet nog worden opgemerkt dat cisternes niet als een integraal kenmerk van de meeste bewoonde plaatsen uit de Vroege IJzertijd in het oog springen[20]. De bewoners van plaatsen die geen bewijs leveren voor de aanwezigheid van

---

18. A. Mazar, 'Giloh: An Early Israelite Settlement Site near Jerusalem', *Israel Exploration Journal*, 31 (1981), blz. 33.

19. W.F. Albright, *The Archaeology of Palestine*, [reprint edition], Gloucester, 1971, blz. 113.

20. Callaway, *New Perspective*, blz. 40 biedt zelfs de tegenovergestelde visie.

cisternes, zoals Izbet Sarta, Tel Masos en Giloh moeten een andere methode gevonden hebben om in hun behoefte aan water te voorzien, één die beter geschikt is voor hun gehele bestaanssituatie. Op gelijke wijze is ook de wijdverspreide gedachte dat de ontwikkeling van ijzermetallurgie de beslissende materiële basis was voor de expansie in bewoning van het bergland, niet bewezen. Statistische studies van opgegraven metalen hebben dit denkbeeld ondergraven door de eeuwenlang durende opkomst van ijzer voor algemeen gebruik, te boek te stellen. Metallurgische onderzoeken hebben de langzame en toevallige opkomst van een ijzer (staalachtig ijzer) laten zien, dat vergeleken met brons werkelijk superieur was[21]. Het effekt van de introductie van een nieuwe productie van werktuigen (meer dan een nieuw type) is eveneens sterk overgewaardeerd; dikwijls hebben we niet overwogen wat feitelijk tot stand gebracht kon worden door een ijzeren bijl of ploegschaar in een agrarisch systeem waar het ontbossen en ploegen van land slechts twee cruciale handelingen temidden van vele zijn. In feite hebben we ons ook niet afgevraagd of deze zogenaamde voortgang in de technologie een beslissende rol heeft gespeeld in het succes van de beoefening van de landbouw om in het levensonderhoud te voorzien, hetgeen gedurende de Vroege IJzertijd in het bergland van Kanaän gebruikelijk was.

Ook de terrascultuur kan niet de rol van eerste oorzaak in de toename van de bewoning van het bergland in deze periode hebben gespeeld. Heuvelhellingen die van terrassen waren voorzien, waren ongetwijfeld een kenmerk van het agrarisch landschap van de Vroege IJzertijd[22], maar een systematisch onderzoek doet terecht vragen oprijzen over de waarde die aan hen moet worden toegekend. Zo moet er bijvoorbeeld gevraagd worden, hoeveel arbeidskracht de bouw en het onderhoud van deze zeer kostbare en tijdrovende investeringen heeft gevraagd. Bewijs voor terrascultuur in deze perioden is op z'n best mager en de praktijk ervan was voor de achtste eeuw v. Chr. niet wijd verspreid. Historische reconstructies van de kolonisatieperiode die hebben bijgedragen aan het bepalen van de rol die terrascultuur, ijzermetallurgie of gepleisterde watercisternes hebben vervuld, laten alle het gevaar zien van het abstraheren van werktuigtechnologie van de agrarische wereld waarbinnen zij functioneerde.

---

21. T. Stech-Wheeler, J.D. Muhly, K.R. Maxwell-Hyslop en R. Maddin, 'Iron at Taanach and Early Iron Metallurgy in the Eastern Mediterranean', *American Journal of Archaeology*, 85 (1981), blz. 255; J.C. Waldbaum, *From Bronze to Iron: The Transition from the Bronze Age to the Iron Age in the Eastern Mediterranean*, [Studies in Mediterranean Archaeology 54], Göteburg, 1978, blz.41.

22. Stager, *op. cit.*, blz. 5-9.

Agrarische voorwaarden.

Na kennisname van mijn voorafgaande opmerkingen, die als een oriëntatie dienst deden, kunnen we nu letten op de drie basisvoorwaarden in relatie waarmee landbouw in het bergland zichzelf vorm heeft gegeven en hoe elk van hen paste binnen het natuurlijke omgevings-, demografisch en technologisch beeld van het vroege Israël.

Het behoud en de beheersing van het water.

De beschikbaarheid van water was de beslissende natuurlijke omgevingsvoorwaarde waaronder agrarische dorpssystemen van het bergland opereerden. De regenval in Palestina is geconcentreerd in enkele wintermaanden en is zeer intensief. Als het regent, giet het! De zelfde hoeveelheid regenwater die in Londen in meer dan driehonderd regendagen valt, valt in Palestina in slechts vijftig dagen! De hoge intensiteit van de regenval betekent een hoge mate van verlies; kostbaar water gaat zo voor de landbouw verloren. Als het niet regent is het zonnig. Het klimaat wordt gekenmerkt door een zeer hoge inwerking van zonlicht. Gedurende de zomermaanden droogt deze extreme zonnewerking elke kleine hoeveelheid vochtigheid die er dan nog van het natte seizoen is overgebleven, uit. In tegenstelling tot het gebied van de middelste geografische breedtegraden, waar het rustseizoen, de winter, nat is, zijn de gewassen van het groeiseizoen van het bergland volledig afhankelijk van de regen van het groeiseizoen voor hun ontkiemen en groei. Bij gevolg zijn de winterplanten uiterst kwetsbaar voor elke leemte in neerslag na hun ontkiemen. Het veld kan dan ook niet worden ingezaaid voordat er zich voldoende vocht in de grond, die door de hitte van de zomer gehard is achtergelaten, heeft opgehoopt.

Bij de frustrerende seizoensgebondenheid komt ook nog dat de regenval zeer variabel is, zowel met het oog op zijn verspreiding over het jaar als op het bereiken van de jaarlijks gemiddelde hoeveelheid. Deze veranderlijkheid is zo sterk dat drie van de tien jaren wel eens niet het verwachte patroon zouden kunnen volgen - bijvoorbeeld: het kan in het begin van het seizoen zeer nat zijn en zeer droog tegen het eind - zodat er een droogte voor de landbouw zou kunnen optreden, hoewel de totale hoeveelheid neerslag het gemiddelde bereikt. Erger nog is dat van de tien jaren één of twee een afwijking van meer dan 25% van de gemiddelde jaarlijkse hoeveelheid regenval kunnen vertonen. Historisch is het bekend dat droge jaren bij meermalen achtereen voorkomen en zo bijdragen aan de moeilijkheden om in het levensonderhoud te voorzien. Zonder twijfel kan gesteld worden dat dit een natuurlijk milieu is met een zeer hoog risico.

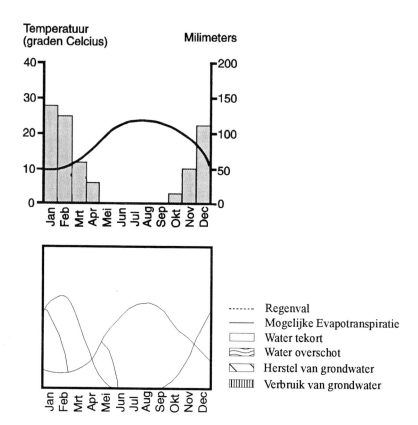

Grafiek 3
*Deze twee grafieken illustreren twee belangrijke aspekten van de beschikbaarheid
van water in het bergland. De bovenste grafiek vergelijkt de gemiddelde maandelijkse regenval te Jeruzalem (aangegeven met staven) met de gemiddelde temperatuur aldaar (aangegeven met de kromme lijn). De onderste grafiek zet de gemiddelde
maandelijkse regenval (onderbroken lijn) af tegen wat evapotranspiratie wordt
genoemd (dat is de hoeveelheid water die voor de omgeving verloren gaat als gevolg
van uitwaseming aan de oppervlakte van bladeren en verdamping die door zonne-
straling wordt teweeg gebracht, aangegeven met de ononderbroken lijn). Gewassen
zijn afhankelijk van de regenval totdat het grondwater zich heeft hersteld - iets dat
normaliter in de buurt van februari het geval is - en putten dan uit de vochtreserves
in de humus tot het eind van het groeiseizoen. De droge zomermaanden drogen
iedere reserve, die er nog over is, uit.*

Uiterst beperkte mogelijkheden tot irrigatie vanuit bronnen of stromen laten boerendorpen geen andere mogelijkheid dan de moeilijkheden wat betreft de beschikbaarheid van water, keihard onder ogen te zien. Welke strategieën van waterbehoud en watercontrole jaagden de berglanders van de Vroege IJzertijd na? De voornaamste strategie voor waterbehoud is het aanleggen van terrassen. Hoewel de bouw van terrassen dikwijls gezien is als een verlangen om de aarde tegen erosie te beschermen, was het in vroeg Israël belangrijker als middel tot waterbehoud. Boerengemeenschappen kunnen het neerslagpatroon niet veranderen, maar door middel van het aanleggen van terrassen kunnen ze wel het waterverlies ten gevolge van afvloeiing reduceren. De voordelen hiervan zijn zowel weerstand tegen droogte als ook een hogere opbrengst voor ieder dorp dat in staat is om zo'n soort speciale behandeling toe te passen op de omringende hellingen. Maar hier ligt nu juist het probleem voor de kleine en demografisch onstabiele gemeenschappen van de vroeg IJzertijd. Terrascultuur is zeer intensief en vraagt een grote hoeveelheid arbeid voor aanleg en onderhoud. Het is dan ook heel goed mogelijk dat dorpen die weinig arbeidskracht beschikbaar hadden, nog wel de hoge arbeidskosten van het aanleggen van terrassen zouden willen betalen om te kunnen genieten van de duidelijke voordelen, in het bijzonder de afname van het risico voor gewassen die een vergrote toevloed van water niet verdragen. Bewijzen voor terrascultuur rond dorpen uit de Vroege IJzertijd zijn echter niet dwingend. Het is redelijker om het terrassensysteem uit die tijd niet af te schilderen als een dominerend kenmerk van het landschap, maar als een toevallig fenomeen, het resultaat van variabele locale condities en plaatselijke geschiedenis. De meeste dorpen moeten erg in het nauw gedreven zijn om iets te doen aan het voor de landbouw frustrerende patroon van beschikbaar water, omdat ze niet in staat waren om voordelen te halen uit terrascultuur en voorwaarden voor andere strategieën om het water te bewaren en te beheersen, zoals irrigatie en drainagewerken, hen ontbraken.

Behoud van grond en instandhouding van vruchtbaarheid.

Op de meeste plaatsen in het bergland, die in de Vroege IJzertijd bewoond waren, biedt de bodemgesteldheid een gunstige produktieve omgeving, één die nog niet door radicale ontbossing van haar vruchtbare humuslaag is ontdaan. Niettemin betekende de relatieve schaarste aan vruchtbare valleien dat hellingen van heuvels, die gemakkelijk konden eroderen, gecultiveerd waren. Bovendien kan geen enkele agrarische gemeenschap de taak voor altijd verzuimen om de voedingsstoffen, die zich in het bodemmilieu bevinden, en door ieder seizoengewas worden uitgeput, voor de plant te bewaren. Maar hoeveel energie besteedden de oude Israëlieten aan het conserveren en beschermen van hun grond? Ondanks enkele romantische projecties van hedendaagse ondernemingen in het verleden, is het antwoord op deze vraag: zeer weinig. Terrassen konden zeer goed de hellingen van de heuvels beschermen, maar waren te kostbaar. In hun strijd om het agrarisch bestaan, moesten de oude kolonisten hun energie wijden aan de korte termijn en konden ze het zich slecht veroorloven om de levensvatbaarheid van een plan op lange termijn in overweging te nemen. Landbouw bedrijven op niet-geterrasseerde hellingen is mogelijk en uitputting van humus, en het verbruik van humus, is een vast kenmerk van beginnende agrarische gemeenschappen.

Met betrekking tot het instandhouden van de vruchtbaarheid, praktiseerde het oude Israël, hoe dan ook, ongetwijfeld een vorm van braak leggen van het land, als ook van bemesten. Gelet op literaire bronnen en op de gewoonten van hedendaagse landbouwgemeenschappen uit het Middellandse Zeegebied, die op traditionele wijze landbouw bedrijven, is het zeer waarschijnlijk dat de bewoners van het bergland een soort van 'braaklegging voor korte tijd' beoefenden, waarin een jaar van cultivering gevolgd werd door een jaar van braaklegging van het land[23]. Deze handelswijze droeg bij aan het herstel van de vruchtbaarheid en verbrak de natuurlijke cyclus van schadelijke insekten en ziekten voor gewassen. Echter, het braakleggen van grond is een uiterst ongeschikte methode om de voedingsstoffen van planten te herstellen, een zekere vorm van bemesting is er dan ook gewoonlijk mee verbonden. In het bergland kwam dit in de Vroege IJzertijd neer op niets meer dan het laten grazen van schapen en runderen op braakliggende grond, geoogste velden en boomgaarden, om de grond van mest te voorzien. Dit is niet de meest doeltreffende manier, maar, om verschillende redenen, past het goed bij de demografische situatie en bij de natuurlijke omgeving.

Het resultaat van zo'n systeem van braakleggen en bemesten was dat deze gemeenschappen zich tevreden moesten stellen met een tamelijk geringe gewasopbrengst en dat ze weinig konden doen om deze op grote schaal te verhogen. Het is niet gemakkelijk om precies te zeggen hoe groot deze opbrengsten waren. Er bestaan namelijk geen economische rapporten over de aard van de oogst van gewassen uit de Vroege IJzertijd en cultiverings-technieken; informatie hierover komt slechts indirect tot ons. Vanuit latere talmoedische geschriften, Romeinse literaire bronnen en berekenin-

---

23. D.C. Hopkins, *The Highlands of Canaan: Argicultural Life in the Early Iron Age*, [Social World of Biblical Antiquity 3], Decatur, 1985, blz. 194-195.

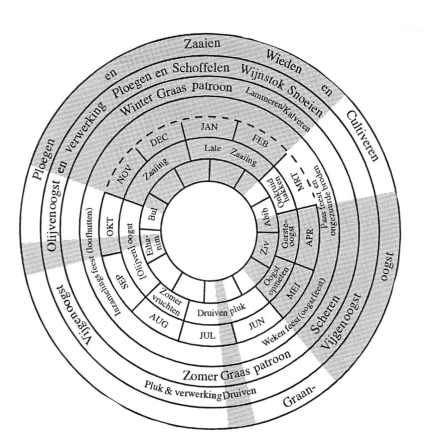

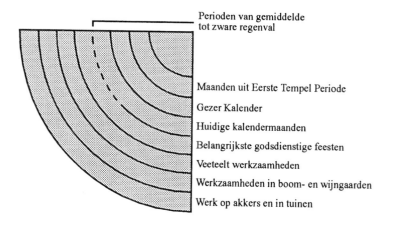

Perioden van gemiddelde
tot zware regenval

Maanden uit Eerste Tempel Periode

Gezer Kalender

Huidige kalendermaanden

Belangrijkste godsdienstige feesten

Veeteelt werkzaamheden

Werkzaamheden in boom- en wijngaarden

Werk op akkers en in tuinen

Grafiek 4 (blz. 104-105)

Dit diagram reconstrueert de arbeidsvraag van het bestaan in de Vroege IJzertijd in het bergland in relatie met de religieuze en landbouwkalenders. **Arbeidsvraag.** *Perioden die de hoogste eisen stellen aan de voorraad arbeidskrachten van een samenleving, komen voor gedurende de graanoogst en ten tijde van de lange ploeg- en zaaiseizoenen, wanneer regen de boer regelmatig van z'n akkers houdt. De oogstperioden van druiven en olijven zijn twee relatief korte maar ook zeer arbeidsintensieve perioden. In de zomer en de vroege herfst, voor en na de druivenoogst, alsook in de vroege lente wanneer de rijpende graanvelden met grote belanstelling in de gaten worden gehouden, is er een korte rustperiode.* **De maanden van de Eerste Tempel-periode.** *Deze maanden worden in de Hebreeuwse bijbel in Exodus 23:15 en in I Koningen 6:37-38 en 8:2 genoemd.* **Gezer-kalender.** *Het plaatsvinden van de perioden waarin deze aktiviteiten werden gedaan, zal hebben gevarieerd, overeenkomstig de omstandigheden in de landbouw. De perioden zijn niet verbonden met de maanden (nieuwe manen) van de Israëlitische maan-kalender. Het verband met de moderne maanden van de Romeinse kalender is willekeurig.* **Belangrijke religieuze feesten.** *Hier worden de belangrijkste feesten uit de periode van de eerste tempel (ongeveer van 1000-586 v. Chr.) opgesomd. De viering van de massot (de ongezuurde broden) duurde zeven dagen en werd voorafgegaan door pesah (het paasfeest). Het markeerde het begin van de gerste-oogst (Exodus 23:15, 34:18; Deuteronomium 16:1). Het wekenfeest (hag sabu'ot; Exodus 43:22), of oogstfeest, liep uit op de graanoogst. De datum ervan is vastgesteld in Deuteronomium 16:9-10: zeven weken na het begin van de gerste-oogst. Het jaar werd afgesloten met het feest der inzameling (hag ha'asip; Exodus 23:16, 34:22), dat in Leviticus 23:42 het loofhuttenfeest (sukkot) genoemd wordt.* **Werkzaamheden in de veehouderij, in boom- en wijngaarden en werk op korenvelden en in tuinen.** *Deze zijn op een globale wijze met de kalender verbonden. Het patroon van regenval en temperatuur in een bepaald jaar, de geografische positie van de velden en boomgaarden en de locatie van grasland dragen elk bij aan de besluitvorming van een boerenfamilie aangaande het tijdstip waarop de werkzaamheden zullen worden uitgevoerd.*

gen die gemaakt zijn door Mayerson[24] op basis van papyri uit de zevende eeuw na Chr. en die te Nessana in de Negev ontdekt zijn, is het duidelijk dat een naar het schijnt magere tien- tot vijftienvoudige oogst door ieder boerengezin zeer werd toegejuicht. Lagere opbrengsten zouden voor prikkels hebben gezorgd om meer land te exploiteren, zodat de dorpen de grond in hun omgeving uitputten. Wanneer de afstanden van de huizen van het dorp naar de nieuw geopende velden te groot werden, ontstond er vanzelf migratie.

Risico-spreiding en optimalisering van arbeid.

De eerste twee voorwaarden voor landbouw in het bergland die ik hier heb besproken - waterbehoud en -controle en behoud van grond en instandhouding van vruchtbaarheid - hadden ten doel het risico van de landbouw te verminderen door het produceren van grotere en meer betrouwbare oogsten. De aanvankelijke pogingen om het risico van landbouw in het bergland te verminderen door terrascultuur, het toevoegen van voedingsstoffen aan de grond en het beschermen van het bodemmilieu, kunnen niet erg succesvol zijn geweest. Deze negatieve conclusie voegt aanzienlijk gewicht toe aan de derde voorwaarde voor landbouw in het bergland. Het tracht niet het risico te verminderen, door het manipuleren van het milieu, maar deze te spreiden door de energie van de gemeenschap te verdelen over een breed spectrum van activiteiten. Zo is daar waar een poging is gedaan om een evenwicht aan te brengen tussen de vraag naar arbeid en de arbeidsvoorraad gedurende het landbouwjaar, de optimalisering van arbeid een natuurlijke begeleidende omstandigheid.

Hoe werd arbeid georganiseerd om het risico van de beoefening van het boerenbedrijf te spreiden? Op de voor hen zeer belangrijke korenvelden brachten de boerengezinnen verbazingwekkende zaaipatronen van tarwe en gerst ten uitvoer. Deze werkwijze pastte goed bij de beperkte hoeveelheid beschikbare arbeid en het beperkte aantal ploegdieren. Het beschermde zichzelf tevens tegen de wisselende regenval, die hierboven reeds is genoemd. Zoals de eerste regels van de Gezer-kalender laten zien (voor een vertaling van deze kalender zie hieronder), door hun verwijzing naar twee zaai-perioden, werd het zaaien van het zaad verspreid over de eerste wintermaanden om afhankelijkheid van één of ander speciaal neerslagpatroon te vermijden.

---

24. P. Mayerson, *The Ancient Agricultural Regime of Nessana and the Central Negeb*, Londen, 1960, blz. 18-19.

Wanneer alles tegelijkertijd werd gezaaid, kon immers al het gewas verloren gaan door een onvoorspelbare, maar niet verrassende, droge periode.

Vertaling van de Gezer-kalender:
Twee maanden (olijven) inzamelen, twee maanden
zaaien, Twee maanden laat zaaisel,
Eén maand onkruiden wieden,
Eén maand gersteoogst,
Eén maand oogsten en meten,
Twee maanden (druiven) snoeien
Eén maand zomervruchten (inzamelen)[25]

De agrarische inspanning was in ieder geval niet alleen op het verbouwen van granen gericht. De landbouwgemeenschappen zaaiden een uitgebreid scala aan gewassen in een uitgebreide selectie van natuurlijke leefmilieus. De natuurlijke diversiteit van het milieu in het bergland droeg aan dit streven bij. De variëteit aan gewassen waarop men vertrouwde, omvatte niet slechts de voornaamste graansoorten en groenten, maar ook de opbrengsten van boom en wijnstok, zoals de lijst van de 'zeven soorten' uit Deuteronomium 8:8 duidelijk maakt. De opbrengsten van boom en wijnstok spreidden zo het risico door de basis van het levensonderhoud af te wisselen. En dit kon gedaan worden zonder te concureren met de arbeid die aan de veldgewassen besteed moest worden. Druiven, olijven en vijgen vereisen immers geen aandacht op dezelfde tijd als de veldgewassen. De lijst van gewassen uit het bergland omvat ook ander fruit en notebomen, bijvoorbeeld granaatappel en amandel, evenals vele belangrijke groenten zoals tuinbonen, linzen, kekers en gewone erwten. De archeologie heeft het bestaan van al deze soorten in de Vroege IJzertijd aangetoond[26].

Landbouw ging ook vergezeld van veehouderij. Het rijke en specifieke vocabulair van de Hebreeuwse bijbel is een overvloedig bewijs van het belang van het weiden van vee voor de economie en de aandacht van de archeologie voor de ontdekking van beenderen van dieren bevestigt deze conclusie nog eens te meer[27]. De precieze aard van de vermenging van land-

---

25. Noot van de vertaler: zie voor verdere informatie over de Gezer-kalender K.A.D. Smelik, *Behouden Schrift, historische documenten uit het oude Israël*, Baarn, 1984, blz. 25-34.

26. O. Borowski, *Agriculture in Iron Age Israel*, Winona Lake, 1987, blz. 93-97.

27. B. Hesse, 'Animal Use at Tel Miqne-Ekron in the Bronze Age and Iron Age', *Bulletin of the American Schools of Oriental Research*, 264 (1986), blz. 17-27; B. Hesse

bouw en herderschap moet nog duidelijk omschreven worden, maar aan de onontbeerlijkheid van veeteelt en haar aanvulling op landbouw mag geen twijfel meer bestaan. Het houden van vee - schapen, geiten en runderen - draagt veel bij aan de veerkracht van gemeenschappen die door een mislukt landbouwjaar zijn getroffen. Dieren zijn mobiele hulpbronnen en ze zijn aan andere milieu-beperkingen onderworpen dan de op een vaste plaats liggende korenvelden.

De bijdrage van de kuddedieren aan het menu was belangrijk, met melk en melkproducten - zoals kaas en kwark - als voornaamste opbrengst. Dieren konden ook direct voor voedsel worden gebruikt - hoewel nooit onbezonnen, want zij vormden een capitale belegging - en droegen tevens wol af aan huis-en commerciële industrie. Veeteelt maakte ook gebruik van land dat voor landbouw nauwelijks rendabel te maken was, voorzag in de benodigde mest om het land vruchtbaar te maken en wedijverde niet met de arbeid die voor de landbouw was gereserveerd. Het hoeden van schapen kon nl. worden beoefend door de jeugd. Men denke bijvoorbeeld aan het feit dat David, de jongste van de zonen van Isaï, bijna het bezoek van Samuël miste, omdat hij weg was om de kudde te weiden (1 Samuël 16:11).

De kolonisten van het bergland in de Vroege IJzertijd hadden ook methoden ontwikkeld om de opbrengst van een jaar van overvloed te bewaren voor een jaar van tekorten. Veel van de opbrengst die door verschillende bomen en gewassen was opgebracht kon worden opgeslagen, zoals fruit, bewerkte sappen en olie. Grote voorraadkruiken, de 'collared-rim' pithoi en de 'Galilese' pithoi[28], en kuilen voor opslag van graan voor een huishouden, die op plaatsen uit de Vroege IJzertijdperiode gevonden zijn, vormen concrete en veelvuldig voorkomende bewijzen van deze handelswijze. Misschien is de fundamentele bijdrage van schapen en rundvee aan de voedselvoorziening juist hierin gelegen dat zij een soort voorraad kunnen vor-

---

en P. Wapnish, *The Contribution and Organization of Pastoral Systems*, Paper presented at the Ancient Mediterranean Food Systems Symposium at the annual meeting of the American Schools of Oriental Research in Atlanta, 1986; O.S. La Bianca, *Sedentarization and Nomadization: A Study of Food System Transitions at Hesban and Vicinity in Transjordan. Hesban I*, (L.T. Geraty, ed.), Berrien Springs, 1987.

28. Noot van de vertaler: een pithos is een grote voorraadkruik. Een 'collared rim' pithos heeft een rand die eruit ziet als een Anglicaanse priesterboord of de rand van een omgeslagen hals van een colltrui (C.H.J. de Geus, 'Nieuwe gegevens over het oudste Israël', *Phoenix*, 37, (1991), blz. 32-41). Deze voorraadkruik komt hoofdzakelijk in het centrale bergland voor. De Galilese pithos komt hoofdzakelijk in Galilea voor, en heeft geen gekraagde hals. Zie ook de afbeeldingen en foto's van beide typen in I. Finkelstein, *The archaeology of the Israelite settlement*, Jeruzalem, 1988, blz. 101, 275 en 277.

men, een 'levende calamiteitenbank', en onderworpen zijn aan andere beperkingen dan landbouw en tevens in staat zijn om in goede jaren reserve op te
bouwen en om weerstand te bieden aan tekorten in jaren waarin de opbrengst
van gewassen niet voldoende is. Dat deze behoefte om voedsel op te slaan tot
uitdrukking kwam in de gemeenschap, is nu gedemonstreerd door de ontdekking van een bevoorradingsgebouw te Silo, daterend uit de Vroege IJzertijd[29].
Het gebouw heeft meer dan veertig 'collared-rim' pithoi opgeleverd. Het
voorkomen ervan op een plaats met sterke cultische connecties kan niet toevallig zijn en getuigt van de rol die de godsdienstige instituties van het vroege
Israël speelden in het vorm geven aan de naar voren tredende gemeenschap.

Sommige samenlevingen uit het bergland kunnen betrokken zijn
geraakt bij interregionale handel, zowel in de rol van plunderaars, tussen-
personen of die van handelspartners[30]. Hoewel de historische omstandigheden zeer suggestief zijn, ontbreekt feitelijk bewijs voor deze deelname
vrijwel volledig. Zo hebben de plaatsen uit de Vroege IJzertijdperiode bijvoorbeeld geen enkel soort containers opgeleverd dat voor handelsdoelein-
den gebruikt zou kunnen zijn. De 'collared-rim' pithoi zijn duidelijk te
zwaar om in het vervoer te zijn gebruikt. Niettemin kunnen zij wel zelf
handelsvoorwerpen zijn geweest[31]. Bewijs voor handel in hertehuiden is wel
gevonden. In Tel Masos zijn overblijfselen van damherten ontdekt (de voet-
beenderen)[32]. Sommige dorpen lagen ook op een goede plaats om voordeel
te behalen uit handel. De handel fungeert dan als een vorm van afwisseling
van inkomsten. Deze inkomsten uit handel staan niet direct met landbouw-
inkomsten in verband, zodat de bestaanszekerheid wordt verhoogd. Har
Adir is het meest sprekende voorbeeld. De locatie ervan tegenover Phoeni-
cië is suggestief, alsook de opmerkelijk goed bewerkte houweel - een han-
delsvoorwerp? - dat door haar opgravers ontdekt is[33].

Tenslotte werden de risico's ook nog gespreid door de ontwikkeling
van coöperatie-systemen en ruilnetwerken tussen de afzonderlijke huishou-

29. I. Finkelstein, 'Shiloh yields some, but not all of its Secrets', *Biblical Archaeology Review*, 12 (1986), blz. 22-41. De identificatie als bevoorradingsgebouw is ondubbelzinnig.
30. R.B. Coote en K.W. Whitelam, 'The Emergence of Israel: Social Transforma-
tion and State Formation following the Decline in Late Bronze Age Trade', *Semeia Sup-
plements*, 37 (1986), blz. 133-135.
31. Mazar, *op. cit.*, blz. 30.
32. Hesse en Wapnish, *op. cit.*
33. J. Muhly, 'How Iron Technology Changed the Ancient World and gave the
Philistines a Military Edge', *Biblical Archaeology Review*, 8 (1982), blz. 45; M. Kochavi
(ed.), *Judea, Samaria, and the Golan: Archaeological Survey, 1967-1968*, [Archaeologi-
cal Survey of Israel 1.], Jeruzalem, 1985, blz. 57.

dens en dorpen onderling. Deze waren vooral belangrijk wanneer, zoals dikwijls het geval was, van naburige dorpen het ene een succesvolle en het andere een mislukte oogst ervoeren. Verder verschaften zij de mogelijkheden voor regelmatige uitwisseling van arbeid om het hoofd te kunnen bieden aan de grote seizoensfluctuaties in de vraag naar arbeidskrachten, en om te kunnen voorzien in de grote aantallen arbeidskrachten die nodig waren voor projecten op grote schaal.

De demografische uitdaging en de sociale dimensie van het levensonderhoud.

Dit overzicht van de belangrijkste voorwaarden en beoefeningswijzen van landbouw in het bergland, brengt aan het licht hoe cruciaal risicospreidingsstrategieën en optimalisering van arbeid waren voor het veilig stellen van het agrarisch bestaan in de Vroege IJzertijd. Andere gebeurtenissen en activiteiten die dikwijls zijn gezien als bepalend voor de strijd van deze periode -ontwikkeling van ijzermetallurgie, ontbossing, het uithakken van cisternes en het aanleggen van terrassen - vormden zeker aspekten van het leven van de kolonisten. Toch betekenden zij niet het geheimzinnige verschil tussen overleving en ondergang, zoals het variëren van gewassen, het vermengen van landbouw met veeteelt, het investeren in methoden van opslag en het ontwikkelen van wederkerige intergezins- en intergemeenschapsnetwerken. Juist op deze doelen hebben de bergbewoners zich geconcentreerd.

De sleutel voor het verzekeren van het voortbestaan, d.m.v. risicospreiding en optimalisering van arbeid - en inderdaad voor het leggen van het fundament voor verder ontwikkeling van het bergland - is gelegen in de laatste term van dit tweeledige doel. Het belang van het verzamelen van voldoende arbeidskrachten kan aan het bevolkingslandschap worden afgelezen. De kleine en demografisch onstabiele dorpen, die uit kleine en onstabiele eenheden waren samengesteld, stonden telkens voor crises die door een gebrek aan voldoende handen werden veroorzaakt. Hoewel de spanning voor een deel een gevolg was van de vraag naar pioniersvestigingen, was het in de eerste plaats het resultaat van de druk om landbouw-operaties te leiden. Naast het gegeven dat optimalisering van arbeid belangrijk is voor de korte termijn, is zij essentieel om meer te kunnen bereiken dan louter het hoofd bieden aan risico's en het reduceren van risico's door terrascultuur en andere speciale behandelingen van de omgeving. Omdat geen technisch kant-en-klare oplossing, zoals een meer efficiënte ijzeren ploeg, het arbeidsprobleem van de bergbewoners van de Vroege IJzertijd oploste, steunden deze kolonisten op andere methoden die aan de hoeveelheid beschikbare arbeid bijdroegen. Onder deze was een grotere populatie de meest voor de hand liggende. In de regel zetten landbouwgemeenschappen over de gehele wereld overtollige landbouw-opbrengst liever om in uitbreiding van de gezinsgrootte dan in een hogere levensstandaard. Hoewel het voortplantingsresultaat in de antieke wereld nauwelijks beheerst kon worden, laat literatuur uit de vroeg Israëlitische periode duidelijk het verlangen van een boerengezin zien om een grote omvang te bereiken. Zie bijvoorbeeld de wens die bij het huwelijk van Boaz en Ruth door de getuigen in Ruth 4:11-12 wordt uitgesproken. Daarbij is het nadrukkelijk voorkomen van wetgeving op het gebied van de sexuele moraal in de Hebreeuwse bijbel ook wel verbonden met de instabiele condities van de kolonisatieperiode[34]. De bepalingen zouden hebben verzekerd dat sexuele omgang gericht zou zijn op de zeer belangrijke taak van gezinsuitbreiding. Eén ding is duidelijk: het toenemen van de omvang van een gezin en gemeenschap zou grotere investeringen in het beperken van risico's en risico-spreiding voeden. Deze zouden leiden tot een meer stabiele landbouw, betere voeding, lagere sterftepercentages onder kinderen en moeders en zo tot verdere toename van de bevolkingsomvang.

Vele van de vooraanstaande gezinnen in de verhalen van het boek Richteren worden - in symbolische termen - afgeschilderd als gezinnen die een aanzienlijke omvang hebben bereikt. Zij zouden juist dit proces kunnen weerspiegelen. Van Gideon wordt vermeld dat hij zeventig zonen had, allen zijn eigen kinderen (8:30); Jaïr en Ibzan hadden ieder dertig zonen (10:3 en 12:9); terwijl Adon een totaal van veertig verwekte (12:14).

Andere methoden om de hoeveelheid beschikbare arbeidskrachten uit te breiden is het voorzien in prikkels tot grotere individuele arbeidsbijdragen, langere dagen op het land, zwaardere soorten werk. De hoge waardering van arbeid, die deel is van het scheppingsverhaal van Genesis 2 en 3 (het menselijk schepsel is in de hof geplaatst om hem te bebouwen en te bewaren) krijgt in zo'n context veel zeggingskracht, evenals de aanmoediging van de stam van Jozef door Jozua om moeilijke ontbossingsprocessen ter hand te nemen (Jozua 17:14-15). De wijze waarop het sabbatsgebod wordt omschreven in de vroege wettenverzameling uit Exodus - Zes dagen moet u arbeiden maar op de zevende dag moet u rusten (23:12; vergelijk ook 20:9), fungeert als een geheugensteuntje, dat het indirecte gezag van één enkele rustdag gelegen is in de zes werkdagen. Dit vertegenwoordigt een verbazingwekkend zware werkverplichting in vergelijking met de meeste pre-industriële samenlevingen.

---

34. C. Meyers, 'The Roots of Restriction: Women in Early Israel', *Biblical Archaeologist*, 8 (1978), blz. 98-99.

Een derde methode om aan de vraag van landbouw in het bergland naar arbeidskrachten tegemoet te komen kan de vorming van gemeenschappelijke werkgroepen zijn geweest. Vermoedelijk werkten deze groepen samen op momenten dat er pieken waren in de vraag naar arbeidskrachten, wanneer vele huishoudens niet zelf in staat waren om aan de gehele arbeidsvraag te voldoen. De groep kan ook collectief tot de agrarische economie hebben bijgedragen, naast het gebied van de afzonderlijke huishoudens. Zo kunnen ook wederkerige uitwisselingsprogramma's zijn ontstaan, die naburige dorpen met elkaar verbonden; zo'n uitwisseling zou voordeel hebben gehaald uit de verschillende oogsttijden door de arbeid te verdelen. De voordelen van regelmatige samenwerking en prikkels tot het delen in tijden waarin er behoefte aan aanbod van arbeiders bestaat, doet vermoeden dat het bergland van de Vroege IJzertijd doorkruist werd door sociale relaties die bijdroegen aan het veilig stellen van de bestaansmiddelen. Op dit punt draagt de studie van landbouw zeer veel bij aan ons begrijpen van de opkomst van Israël. De sociale dimensie van het voorzien in het levensonderhoud, in het bijzonder de risico-spreiding en arbeidsoptimalisering, kan ons behulpzaam zijn bij het nauwkeuriger reconstrueren van enkele van de redenen voor de overgangen en veranderingen in het Palestina van de Vroege IJzertijd. Robert Coote en Keith Whitelam[35] hebben benadrukt hoe dramatisch de achteruitgang in handel en commercie gedurende de Laat Bronstijd[36] de niet-sedentaire groepen, die in hoge mate afhankelijk waren van die economie, heeft getroffen. Met het handelsverval werden onder meer nomadische herdersgroepen en rovers gedwongen om alternatieve bronnen te zoeken voor hun inkomsten; vele groepen gingen over tot landbouw en dorpsleven om hun bestaan veilig te stellen. Toen de Late Bronstijd ophield te bestaan, verdween ook het onophoudelijke conflict tussen de stadstaten, dat ons zo indringend wordt getekend in de Amarna-correspondentie[37]. Het tot rust komen van de landelijke instabiliteit, die werd ingegeven door het verstedelijkte politieke klimaat van de Late Bronstijd, stond de expansie van het agrarische leven in dorpen buiten de grenzen van de stadscontrole en -bescherming toe. Tenslotte werd de neiging naar meer intensieve sedentaire landbouw gestimuleerd door de geleidelijke bevolkingstoe-

---

35. Coote en Whitelam, *op. cit.*, blz. 118-121.

36. Noot van de vertaler: de Laat Bronstijd is van 1550 - 1200 v. Chr.

37. Noot van de vertaler: deze briefwisseling, gevonden te Tell el-Amarna (vandaar ook haar naam), bevat de correspondentie tussen Amenhotep III en IV met hun in Syrië en Palestina woonachtige vazallen. Zij geeft een goed beeld van de politieke situatie in dat gebied tussen circa 1402 en 1347 v. Chr.

name in het bergland. Gevoed door de versnippering van de stadscentra en immigratie vanuit de lage gebieden, en gestimuleerd door het verminderen van de oorlogsvoering, en misschien de afwezigheid van epidemieën die in stadscentra geheerst kunnen hebben, kon de over de gehele linie toenemende bevolking van het berglandschap niet onderhouden worden door de overheersende pastorale economie van de Late Bronstijd. Intensivering van de landbouw moest wel volgen. De transformatie van het bewoningsgebied, dat plaatsvond nadat de gemeenschap, die kenmerkend was voor de Late Bronstijd, te gronde was gegaan, kan gezien worden als een proces dat de ontwikkeling weergeeft van een meer pastorale en minder sedentaire economie naar een in eerste instantie agrarische economie, die gedomineerd wordt door kleine nederzettingen.

Juist binnen de context van zo'n verschuiving werden de nieuwe sociale relaties gesmeed, die de basis legden voor de opkomst van Israël. In plaats van hun vertrouwen te stellen op het breder economisch netwerk van de Laat Bronstijd en de autonomie en veerkracht die zij had opgeleverd door de overheersende pastorale productiewijze, werden de bergbewoners van de Vroege IJzertijd gedwongen tot samenwerking. De afname van het conflict, dat werd aangespoord door de stadstaten, speelde een rol in het creëren van voorwaarden die tot zo'n samenwerking leidden. Maar de pure noodzaak van overleving op korte termijn droeg fundamenteler bij aan het tot stand komen van intergemeenschappelijke samenwerkingsverbanden. Op deze verbanden kon men zich verlaten in tijden van gebrek, zowel wat betreft de uitwisseling van artikelen die van levensbelang waren als voor de arbeidsvoorziening om de verschillende handelingen die ter verkrijging van een grotere stabiliteit in de productie noodzakelijk waren, te kunnen uitvoeren.

Hoewel het gemakkelijk is, om de rol die door de dagelijkse strijd om het levensonderhoud van de huishoudens en dorpen gespeeld werd te overdrijven, mag er geen twijfel over bestaan dat het besef van gemeen-schappelijke belangen en de ontwikkeling van instituties die aan deze wederkerigheid uitdrukking gaven en haar ten uitvoer brachten, in belangrijke mate hebben bijgedragen aan de vorming van de identiteit van het opkomende Israël.

Het materiële bewijs voor het te voorschijn komen van het landschap dat door dorpen werd beheerst en dat het kernland van Israël zou vormen, suggereert dat het proces van agrarische intensivering een geleidelijk proces was dat een buitengewoon onregelmatig verloop had. Zo als boven reeds vermeld, waren veel plaatsen slechts voor korte perioden bewoond. Zij waren slachtoffers van gebrek aan bestaansmiddelen, demografische moeilijkheden en ecologische verslechtering van de leefomgeving van de dorpen, naast andere factoren. Maar het beeld was niet overal zo somber. Enkele gemeenschappen waren in staat om de uitdaging van deze bergachtige omgeving het hoofd te bieden. De plaatsen Tell en-Nasbeh en Silo - hoewel de laatste te maken kreeg met een ontijdige militaire verwoesting - bieden duidelijk bewijs voor de groeiende stabiliteit en bestaanszekerheid. Over het gehele land hadden de dorpen voorspoed en vestigden zich gezinnen.

Het berglandgebied ervoer een geweldige groei in stabiliteit op het platteland, gezondheid, handel en ook van stratificatie: verschillende gemeenschappen bereikten verschillende ontwikkelingsgraden. Met het succes in de strijd om het agrarische bestaan in de Vroege IJzertijd kwamen de voorwaarden en de krachten op die geleid hebben tot een tweede en meer duurzame verandering van het bergland: de opkomst van de monarchie en de stamstaten Israël en Juda.

DRUKKERIJ ORIENTALISTE, KLEIN DALENSTRAAT 42, B-3020 WINKSELE-HERENT